cem Homens
em um ano

Nádia Lapa
autora do blog Cem Homens

cem Homens em um ano

As aventuras sexuais de
uma mulher bem resolvida

© 2012 - Nádia Lapa
Direitos em língua portuguesa para o Brasil:
Matrix Editora - Tel. (11) 3868-2863
atendimento@matrixeditora.com.br
www.matrixeditora.com.br

Diretor editorial
Paulo Tadeu

Capa e projeto gráfico
Alexandre Santiago

Revisão
Mariana Munhoz
Adriana Parra

Dados Internacionais de Catalogação na Publicação (CIP)
SINDICATO NACIONAL DOS EDITORES DE LIVROS, RJ.

Lapa, Nádia
    Cem homens em um ano / Nádia Lapa. - São Paulo : Matrix, 2012.

    1. Relação homem-mulher. 2. Sexo. I. Título.

12-6385.
                              CDD: 306.7
                              CDU: 392.6

Sumário

Prólogo 7
Antes de tudo 9
Os cem homens 11
Número 2: O pior sexo oral da minha vida 15
Número 3: Quente, muuuito quente 19
Números 4 e 5: Dois em um 23
Número 6: Boa música, sexo nem tanto 27
Número 7: Fala e não faz 31
Número 8: Nasce uma fantasia sexual 33
Números 9 e 10: Meu dia de Dona Flor 35
Número 10 volta à cena: parece filme pastelão 39
Número 11: Ops, esqueci 43
Número 12: Uma frustração 45
Número 13: Rapidíssima 49
Número 14: Minha culpa, minha máxima culpa 51
Número 15: Selvagem até demais 53
Número 16: Uma bela recuperação 57
Número 17: O verdadeiro sentido da "pegada" 59
Número 18: Ele entendeu tudo errado 61
Número 19: O toque perfeito 65
Número 20: Fixação anal 67

Números 21 e 22: Como se fosse a primeira vez 69
Número 23: Nunca vai ficar bom 73
Número 24: *Mi amor* 77
Número 25: Um convidado quase estraga a festa 81
Número 26: Eu, por ele 85
Número 27: A maior paixão (quase) platônica 89
Número 28: Propaganda enganosa 93
Número 29: Do virtual pro real. 97
Número 30: A primeira paixão do ano 101
Ainda o 30: Todo carnaval tem um fim. E as paixonites também . 105
Número 31: Da frustração à felicidade 109
Números 32 e 33: Nasce um *voyeur* 113
Número 34: Encantamento 117
O caminho de ladrilhos 119
Número 35: Voltando à velha forma 125
Quem está contando? 127
Um grande aprendizado 133
Meio Letícia, meio Nádia, um pouco de todo mundo 139

Prólogo

Lembro-me dele debruçado na janela, o tronco inteiro pra fora, a marca da sunga lembrando que era janeiro. Ele fumava. Detesto o cheiro de cigarro no quarto, mas ele podia. Ah, a ele seria permitida qualquer coisa. Com aqueles olhos verdes ele me convenceria de tudo. Eu o observava e imaginava como ele devia ser um gato há 15, 20 anos. Ele continua bonito, mas a tatuagem já não está na moda e o corpo é de um quarentão. Eu estava entregue. Podia fazer piada sem graça, podia confessar ser fã de Cyndi Lauper. Fez ambos. Meu tesão por ele continuava.

Talvez eu nunca tenha confessado o tamanho do meu desejo. Talvez minha cara embasbacada enquanto ele falava tenha causado estranhamento. Talvez ele tenha achado que eu queria namorar-casar-e-ter-filhos. Nunca disse que não. Eu estava feliz demais pra dizer o contrário. Mas, se tivesse sido honesta naquela noite de verão, eu teria dito: "Não é você, sou eu".

Eu estava de volta.

Antes de Tudo

Meses antes, o diagnóstico: menopausa precoce. Veio vinte anos antes da hora. Fui me acostumando com tudo: fogachos, suores noturnos, acúmulo de gordura na região abdominal. Tem que fazer mamografia? Tudo bem. Cuidar do cálcio para evitar a osteoporose? Sem problema. Só não me tira a libido. Essa, não.

Pedir tamanha graça aos deuses, se eles existissem, teria sido inútil. Percebi quando estava por cima de um parceiro e, sem mais nem menos, senti a lubrificação desaparecendo e o tesão se esvaindo. Ele não entendeu nada. O pau lá, duro, em riste, e eu choramingando ao lado dele na cama. Eu não queria mais; a excitação simplesmente acabou.

Passar por aquilo foi um choque. Minha vida sexual havia começado há mais de quinze anos e jamais tinha acontecido algo parecido. Eu já perdi o tesão antes porque o cara falou uma besteira, porque vi uma camisinha suja no quarto de motel, porque meu parceiro achou uma ótima ideia bater com o pau na minha cara. Mas perder o tesão assim, do nada? Nunca. Eram meus hormônios e eu não pude fazer nada.

Durante algum tempo fiquei reclamando pelos cantos e me fazendo de vítima. Não era justo que eu, antes dos trinta anos de idade, não sentisse mais vontade de transar. E, verdade seja dita, não era mesmo. Nunca quis ter filhos, mas eu estava segura e madura para ter uma vida sexual formidável. Sempre foi muito boa, à exceção, é claro, dos primeiros anos, em que eu pouco sabia sobre meu próprio prazer e o sexo era muito mais envolto em culpa do que em libertação. Justamente quando eu me sinto livre os hormônios me sabotam?

Por isso o número 1 foi tão especial. Eu não queria namorar, eu não estava apaixonada, eu nem queria olhar para aqueles olhos maravilhosos todos os dias. Eu só queria continuar sentindo meu corpo ficando quente, o rosto ruborizando, a lubrificação acontecendo e o corpo pedindo mais. Ele pediu. Muito mais.

Os cem homens

A conta é simples: o ano tem 52 semanas e no início de fevereiro eu já tinha saído com oito caras. Percebi a média enquanto dirigia na volta de um dos encontros. Ao fim de um ano, se eu mantivesse a mesma batida, chegaria a 104 parceiros. Ri sozinha. Apesar de eu sempre ter curtido variedade, nunca havia saído com tantos homens diferentes em tão curto período. Estava bom, muito bom. Divertido, vibrante, excitante.

Escrevi à época que dificilmente eu chegaria a tal marca: eu trabalhava e estudava, além de ter outros interesses. Sexo é ótimo, mas também curto meus amigos, um cineminha, meus livros. Não queria que mais um prazer virasse obrigação. Tudo aconteceria quando tivesse que acontecer, das formas usuais.

Eu só me dispus a duas coisas diferentes: escrever a respeito dos caras e estar mais aberta a algumas investidas. No passado, com a correria do cotidiano, deixei passar algumas oportunidades, com toda sorte de justificativas. Sono, falta de grana pra sair, depilação atrasada... Isso sem contar as exigências acerca dos pretendentes. Às vezes parecia que eu estava procurando um candidato a emprego, e não um homem com quem eu poderia passar algumas horas gostosas. E era só. Não precisava ser mais. Pra quê ficar tentando colocar alguém numa caixinha? Ou, como diria Cazuza, vale a pena esperar alguém que caiba nos seus sonhos?

Eu havia esquecido quão fácil isso pode ser. Apesar de sempre ter feito – e curtido – sexo casual, não raro coloquei expectativas de relacionamento em caras com quem eu não tinha afinidade nenhuma. Teria sido um desastre se tivéssemos ficado juntos, mas enquanto a coisa estava acontecendo, eu viajei e esperei (e cobrei) por mais. Passei a vida inteira ouvindo que "mulheres são de Vênus" e que eu deveria me aquietar, me apaixonar. Eu, tonta, acreditei que meu comportamento não era o mais "normal", que o certo seria ficar com um homem só. Todos os filmes de Hollywood não podiam estar errados! A errada tinha que ser eu. Quanta frustração e sentimento de inadequação os contos de fadas podem ter colocado na minha cabeça?

Com isso também me perguntava, em alguns momentos, se havia algo em mim que espantava os caras. Todo mundo fala em "evoluir" para um namoro, como se sexo fosse um estágio anterior e menos importante. Eu nunca senti desse jeito. Mas demorou um tempão pra eu finalmente dizer "Ei! Não! Sexo é importantíssimo na minha vida, sim, e eu gosto muito!". Mesmo que tenha sido só pra mim.

Ou talvez eu tenha dito isso num *blog*. Que, aliás, achava que seria lido por meia dúzia de pessoas e não teria grandes consequências na minha vida. Só mais um *blog*, como os diversos outros que criei e matei de inanição nos últimos onze anos.

Eu me enganei. O *Cem Homens* foi conquistando leitores e a minha vontade de continuar escrevendo só aumentava. Ao mesmo tempo, descobri muito sobre mim. Novos desejos, fantasias surpreendentes, tesão por coisas diferentes. Os números não importavam. Importava a mulher que eu era no início disso tudo, quem eu fui me tornando e o resultado disso no final. Escrever fez parte da travessia. Expor, também. Até os julgamentos construíram essa história. E, sendo 10 ou 100 homens, o que interessa é o que aprendi com cada um deles.

Número 2:
O pior sexo oral da minha vida

Sexta-feira, verão, calor insuportável dentro de casa. "Vamos tomar um chope", o moço convidou. Aceitei. Dirigiu 20 quilômetros para me buscar, mas apareceu vestindo bermuda estampada e blusa idem. Uma coisa carnavalesca, todo colorido! Gentilezas me deixam mais boba, mas não mais cega. A combinação doeu.

Mas ele foi fofo. Comemos em uma dessas padarias paulistanas arrumadinhas e ele pagou a conta com orgulho quase adolescente (a minha parte deve ter dado no máximo R$ 20, mas como já vi gente cobrando até um mero refrigerante da namorada, vale a observação). Também pareceu um garoto sem saber como dar o primeiro beijo. Docemente as coisas foram ficando mais íntimas e fomos ao motel.

O sexo começou gostoso, com os hormônios funcionando direitinho para nós dois. Nada espetacular, mas eu estava me divertindo bastante. Depois do primeiro orgasmo (dele, com penetração), ele tentou me chupar.

Em dezesseis anos de vida sexual, creio nunca ter visto tentativa mais patética. Foi absolutamente constrangedor. Ele não tinha a mais vaga ideia do que estava fazendo. Nada. Nenhuma direção que eu dava (e eu fui beeem específica) valia de qualquer coisa. Pedi para ele focar mais o clitóris e expliquei direitinho a pressão a ser colocada na região, mas isso se mostrou inútil. Pouquíssimo tempo depois de ter começado, o mancebo levanta a cabeça, o rosto completamente melado (da própria saliva, visto que ele achou que precisava me lambuzar inteira): "É muito difícil, fico sem ar".

Minha reação? Incredulidade. Eu juro que não ri, tampouco fiquei indignada. Quando você se propõe a sair com muitos caras, acaba se deparando com coisas desse tipo, ainda que minhas experiências tenham sido, na maioria das vezes, muito bacanas. Mas não dá para não se questionar: eles realmente acham que boquete também não deixa com falta de ar? Será que os homens heterossexuais têm alguma ideia do quão difícil é chupar um pau estando com o nariz entupido? Por mais que eu goste – e muito – da prática, há os "contras" dessa história toda: dor no maxilar e ânsia de vômito após o cara achar que precisa **muito** encostar o pau na minha garganta são só alguns deles. Deu vontade de responder que eu tenho desvio de septo e que mesmo assim não usei isso como desculpa para evitar o sexo oral.

E não era eu quem ia tentar ensinar o rapaz a gostar de chupar boceta. Teria que fazer feito Lydia, personagem de *Mulheres*, do Bukowski, que literalmente desenha para o parceiro, Henry Chinaski (*alter ego* do próprio autor), entender: "Ó, isso é uma boceta, e aqui fica um negócio de que você provavelmente nunca ouviu falar: o clitóris. Aqui é o lugar das sensações. O clitóris se esconde, tá vendo? Ele aparece vez por outra, é cor-de-rosa e muito sensível. Às vezes ele se esconde, e aí você vai ter que achar ele. É só tocar nele com a ponta da sua língua...".

Lydia se deu bem com Chinaski, mas eu não tenho saco pra isso.

Trinta e dois anos na cara, muitas mulheres (talvez insatisfeitas) no currículo... Eu não acredito que ele estivesse de má vontade. Só não sabia mesmo como fazer. Até ficamos a madrugada inteira juntos. Dormimos e transamos mais um pouco. Sem tentativas frustradas de me fazer gozar com a boca, é claro. A inaptidão dele nesse quesito jamais se resolveria numa noite. Mesmo com desenho. Aproveitei como deu, literalmente. Foi o segundo e pode ser esquecido. Depois disso dei mais valor ainda ao terceiro...

Número 3:
Quente, muuuito quente

Aí você, mais de 30 anos na cara, "rodada", comete o terrível engano de menosprezar o mocinho de 24. Mais baixo que você, mais magro que você, com cara de muito, muito mais jovem que você. Eu já devia desconfiar pelo jeito como ele me pegou pelo braço, mas a empáfia da mulher de 30 ainda deixa uma barreira ao meu redor.

E ele, franzino, derrubou a muralha e foi logo para o topo da lista das fodas-mais-fodas-do-mundo. E eu nem queria tanto, confesso. Afinal, na noite anterior eu estivera na cama com o cara--que-perde-o-ar-fazendo-sexo-oral (o número 2). Meu ânimo não era dos melhores depois daquela situação desastrosa. Eu não queria correr o risco de duas transas ruins no mesmo fim de semana. O rapaz insistia. Tinha o beijo quente, muito quente. Estou falando de temperatura corporal, mesmo, não em sentido metafórico. Dizem que eu sou assim também, e eu não curti. Fiquei imaginando: "Será que todos os caras que eu beijei tiveram essa sensação?". Tudo ia me fazendo querer me desvencilhar dele.

Mas o encaixe das bocas foi tão perfeito e as mãos eram tão ágeis (e eu, sempre tão fácil), que acabou rolando. Ele me tocava nos lugares tão perfeitos que logo eu estava molhada. Delícia. Não parávamos um segundo: trocávamos de posição, nos chupávamos mutuamente, nos beijávamos sem descanso.

Não há segredos para uma boa transa. Seguir roteiro e passo a passo é a maior furada! Se a pessoa curtir o que está fazendo, gostar de dar prazer ao parceiro, não ficar com preguiça ou nojinho, os bons momentos estão garantidos. Aí é só se divertir. E fizemos isso bastante.

Depois de muito sexo gostoso, ele perguntou em qual posição eu queria ganhar o melhor beijo da minha vida. Eu ainda não tinha aprendido. Mais uma vez suspirei quase descrente, achando ser um blefe do "garoto mal saído das fraldas" (ai, o preconceito...). "Em pé", respondi. Adoro a sensação dos meus joelhos ficando molinhos feito gelatina.

Ele me encostou contra a parede e começou a me dar talvez não o melhor beijo da minha vida, mas um beijo que me fez sentir o corpo inteiro esquentando. Se meus joelhos fossem de gelatina, ah, eles teriam derretido. Ainda bem que não são, porque ele levantou uma das minhas pernas e, ali mesmo, partiu para a terceira da noite. A altura dele, então, foi providencial. Evitamos aquela coisa quase sempre ridícula de ficar procurando a posição ideal porque o cara é mais alto que eu. Mais uma vez, o encaixe foi perfeito. Foi tão surrealmente perfeito que eu precisei parar tudo. Eu perdi a respiração, literalmente, de tanto tesão. Me faltou fôlego. Nunca havia acontecido antes. Anos e anos de vida sexual e eu jamais precisei "dar um tempo" para me recuperar. Foi a primeira vez. Deitei na cama, respirei por alguns segundos... E voltei para o mesmo lugar, lógico.

A continuação não foi ali, porém. O garoto me jogou no chão (sem agressão, apenas seguindo o clima da noite...) e, enquanto eu estava deitada de bruços, fizemos um delicioso sexo anal. Com tesão e carinho é maravilhoso.

O sol já estava raiando quando tudo acabou. Estávamos exaustos. Meus hormônios ficaram tão enlouquecidos que, admito, confundi um pouco as coisas e fiquei suspirando o domingo inteiro pelo rapaz. Costumo brincar dizendo que é a "paixonite pós-coito". Exatamente como naquela cena de Bridget Jones depois que ela sai pela primeira vez com o Daniel Cleaver, personagem do Hugh Grant. Ela anda pelas ruas de Londres se sentindo o máximo e fazendo mil planos. A felicidade é tanta que você confunde com paixão... Passa por cima, até, de eventuais diferenças com aquele parceiro. Mas bastou mais uma bela transa para eu perceber que sou apaixonada, mesmo, é por todos os homens do mundo...

Números 4 e 5: Dois em um

Sem dúvida esse foi um dos dias mais divertidos do ano. Como eu estava de férias, comecei a *aprontar* cedinho, no meio da tarde. Eu flertava havia algum tempo com um carinha. Éramos bastante diretos sobre sexo, mas ele fez questão de me avisar várias vezes que não queria nada além de uma transa casual. Parece até que as mulheres são seres sempre desesperados para arranjar namorado! Caio Fernando Abreu já avisara: "Quando a gente precisa que alguém fique, a gente constrói qualquer coisa, até um castelo". Mas praquele moço virar príncipe, deveria ao menos ter um cavalo branco – e nem pônei se via ali. Melhor deixar as ideias de reinado pra lá e não me dizer que eu não deveria esperar pelo "beijo salvador". Não sou princesa da Disney. Meu lance era bem outro...

Eu estava de carro e passei para buscar o rapaz no trabalho no meio do expediente. Para mim, ir ao motel durante o dia tem um quê de feliz transgressão: "Está todo mundo trabalhando enquanto estou aqui transando!".

O sexo foi gostoso, mediano, feijãozinho com arroz (e sem *bacon* e nem uma farofinha para alegrar). Para um cara jovem como ele (25 anos), o apetite estava até um pouco abaixo da média. Eu "sobrei" na história: continuava com tesão. A desculpa? "Cansaço do trabalho." Mas, amigo, se a garota está se masturbando sozinha na sua frente... Bom, custa participar da brincadeira? Pelo jeito, custava.

Por isso, nem pensei duas vezes: tomei banho e me arrumei para ir a um show de *indie rock* com amigos naquela mesma noite. Até levei uma roupa mais apropriada para o evento noturno. Aí veio o momento hilário:

– Poxa, você nem me chamou pra ir ao *show* com você...

(*"Peraí, deixa eu ver se eu entendi: você teve todo um discurso sobre "eu não quero um relacionamento sério" e agora quer que eu saia com você? Com os meus amigos? Sério? Você só pode estar brincando."*)

Eu, com a cara de pau que adquiri nesses muitos anos, respondi docemente:

– Você me disse que estava tão cheio de trabalho... Se eu soubesse...

(*"Se eu soubesse, eu **não** teria te chamado. Fica a dica."*)

Fui ao show (sem ele, lógico), cantei, dancei... Eu estava muito animada e ainda elétrica. Na saída, com aquela fome pós-show, fui comer um sanduíche com um amigo em uma dessas hamburguerias que ficam abertas até tarde em São Paulo. Conversamos bastante, rimos um monte, e eu até achei que nada mais fosse acontecer.

Era meio da madrugada e ele tinha trabalho no dia seguinte. Mas acabamos nos beijando na hora da despedida e... ai, ai. Ele era maravilhoso; quando encostava em mim provocava arrepios.

Em nenhum momento passou pela minha cabeça qualquer culpa por ter transado com outro cara algumas horas antes. Nem minha calcinha era a mesma!

Por isso, nem hesitei quando o amasso foi esquentando e percebi que o final seria, de novo, num motel. E ainda bem que continuei, porque ele era, sem dúvida, um especialista em sexo oral. Posso dizer que tudo o que o moço-que-se-acha-príncipe da tarde anterior tinha de comum, esse tinha de delicioso.

Foi tudo bom. Tudo. Trocávamos de posição naturalmente, sem aquelas ordens chatíssimas e desnecessárias. Transamos sem parar e ele me fez gozar três vezes, em poucos minutos, me chupando. Uma atrás da outra! Poucos homens da minha vida tiveram tamanho empenho, dedicação e competência.

Os primeiros raios de sol entravam no quarto pelas frestas da cortina. Como disse antes, eu estava de férias, então voltei para casa e dormi. Ele teve de ir direto trabalhar. Mas isso, convenhamos, não era problema meu.

Meu "problema", agora, era me contentar com um só por dia...

Número 6:
Boa música, sexo nem tanto

Tenho a horrível mania de criar expectativas. Idealizar. Agi assim com o número 6. Ele cozinha – e eu acho extremamente *sexy* um homem escolhendo temperos e preparando o melhor cardápio do mundo.

Ele também tem gosto musical parecidíssimo com o meu; frequentávamos as mesmas baladas e shows; conhecia – e curtia – as minhas bandas favoritas. Sou meio chata com isso e achei que talvez tivesse encontrado alguém com quem pudesse dividir a cama e sujar nossos *All Stars* em algumas pistas de dança.

Bom, acho que é melhor ficar só com a parte musical, mesmo. Primeiro porque essa coisa de homem que cozinha e que faz massagem, para mim, parece lenda. "Arma de sedução." Conheço pouquíssimos que o fazem com alguma habilidade.

Ponto superpositivo para o rapaz: a cueca. Afinal, exige-se muito sobre a *lingerie*: a mulher deve estar impecável, a ponto de muitas de nós ficarmos com vergonha da calcinha bege ou daquelas grandonas e confortáveis, que não marcam e ainda disfarçam a barriga. Enquanto isso, vários moços se sentem à vontade para usar a roupa de baixo comprada pela mãe no supermercado em grandes pacotes coloridos. Pague cinco e leve seis!

Mas esse, não! Cueca *boxer* preta novinha e bem ajustada ao corpo magro. Vi a belezura ainda no sofá do apartamento dele. Ao passarmos para o quarto, comecei a fazer sexo oral. Ele estava meio por cima de mim, e além de chupar o pau, desci um pouco mais. E fui descendo, até chegar ao períneo, aquela região entre o saco e o ânus. Ele ficou animadíssimo.

Percebi o desejo de que eu fosse ainda mais fundo. E não há quase nada que me peçam na cama que eu diga não. Nem é preciso verbalizar! Continuei beijando e lambendo o corpo dele, que se virou completamente. A posição, então, era perfeita para o beijo grego.

Nunca sei ao certo quando ir em frente em uma situação como essa. Muitos homens heterossexuais têm restrições à prática, pois veem qualquer estímulo na região anal como "indício" de uma suposta bissexualidade. Mesmo que ele esteja ali com uma mulher, é comum que o cu seja uma área de acesso proibido.

Então, tento entender os sinais. O movimento. Como ele permitiu que eu continuasse em direção à bunda dele, delicadamente segui. Enquanto isso, eu o masturbava. Ele enlouqueceu de tesão! Continuei até o orgasmo.

Depois, recomeçamos tudo, mas ele parecia ser viciado em beijo grego. A penetração acabou sendo secundária – e não estou reclamando! Eu adorei dar esse prazer a ele. Por mais que a transa seja casual, não há nada mais empolgante do que o cheiro de sexo no ar, a respiração ofegante, os corpos tremendo involuntariamente. Saber-se causadora disso tudo é espetacular!

Quando acabamos de transar ele passou a me mostrar os itens comprados em viagens ao redor do mundo. Achei um pouco exibicionista e meio pedante, além de pouco natural, como se precisasse mostrar que tinha grana. Isso não me chama a atenção. Mesmo! Depois, fez questão de pegar o *notebook* para colocar as músicas favoritas. Fiquei ali escutando, pois achei que estávamos apenas dando um tempo e que faríamos mais sexo. O tempo passava e tudo o que ele fazia era me mostrar suas descobertas de uma banda nova nos confins da Finlândia ou do Alasca. *Hipster* total, desses que não gostam de uma banda depois que ela vira *mainstream*. "Curtia quando ninguém ainda conhecia." Ai, que preguiça. Desisti.

Boa música, sexo gostoso... mas poderia ter acontecido mais vezes. O dia amanhecia quando nos despedimos. Aproveitei um dos últimos dias de férias e fui tomar café da manhã com uma amiga. Afinal, ainda é com elas que sujarei meu *All Star* nas pistas de dança de São Paulo...

Número 7:
Fala e não faz

Poucas coisas me irritam mais em um homem do que prometer que vai fazer e acontecer... e, no fim, não cumprir. Infelizmente isso é supercomum. Eu, dando mole para vários caras ao mesmo tempo, sofro com tal atitude com certa frequência. O bom é que deixei de levá-los a sério há algum tempo, mas houve ocasiões em que esperei inutilmente por uma noite incrível que jamais chegou.

Agora, não acredito muito nas promessas. Mas entro no joguinho, com a esperança de que vire uma deliciosa brincadeira. Foi por isso que correspondi ao flerte do garoto. Tudo girava em torno do sexo. E de maneira beeem direta (e nada discreta). Eu amo isso! Dou corda, falo bobagem... Que meu celular nunca caia nas mãos de ninguém!

Inebriada com o joguinho de sedução, fui fazer uma visita ao moço. De vestido. Sem calcinha! Dirigi dez quilômetros me sentindo um pouco ridícula – sempre temo que algo aconteça (tipo um acidente) e todo mundo no planeta descubra minhas intenções. Mas deu tudo certo. Estacionei em frente ao prédio dele, retoquei o batom vermelho, soltei o cabelo, toquei o interfone.

Quando ele abriu a porta do apartamento, estava de camiseta e bermuda, diferente do combinado. Tinha sido bem aquilo de "estarei em ponto de bala e só de cueca". E, para completar, a bermuda era de um azul medonho, daqueles de *short* de jogador de futebol da década de 1980. Eu estava de bom humor e fingi não reparar. No sofá, começamos a nos pegar – pelo menos nessa parte ele falou a verdade: já estava duríssimo. Ele pediu para sairmos da sala porque não havia cortina e os vizinhos poderiam ver. Eram duas horas da manhã e os vizinhos mais próximos ficavam a vários metros dali. Era tecnicamente estarmos sendo observados. Percebi logo que teríamos uma noite no mínimo burocrática.

Na sala de jantar, longe de qualquer janela, ele me encostou na parede e fingiu alguma empolgação com o pacote vestido preto + salto alto + batom vermelho + ausência de calcinha. Quero dizer... Acho até que se entusiasmou, mas é que a atitude dele não era assim tão... animada. Faltava pegada, um puxãozinho de cabelo, uma sacanagem dita ao pé do ouvido.

Partimos para o quarto, onde transamos duas vezes. Ele fez questão de apagar as luzes! Sexo oral? Só eu nele. Não chegou nem perto de colocar a língua na minha boceta. Em uma de suas idas ao banheiro, aproveitei a deixa, voltei para a sala, vesti a minha roupa e me despedi docemente. Ele talvez não tenha desconfiado da minha insatisfação, pois continuamos conversando amigavelmente até hoje.

No elevador, passei de novo o batom vermelho, ajeitei o cabelo... Voltei para casa um pouco mais segura, pois havia levado uma calcinha na bolsa. Pode não ter sido um boa transa, mas foi ótimo tomar a iniciativa, criar uma fantasia na minha cabeça, passear na madrugada de boca pintada e vestido rodado. Me senti firme, segura, mulher. Mesmo que a noite não tenha sido a melhor de todas, estar confiante em situações para as quais a gente não está preparada é essencial. Afinal, em breve eu seria surpreendida pela noite mais espetacular da minha vida...

Número 8:
Nasce uma fantasia sexual

Se de vez em quando eu tropeço em homens como o número 7, também encontro (em muito maior quantidade, para minha sorte) caras bacanas, doces, educados, seguros. É o caso do número 8. Ele sabia de todas as minhas "peripécias" sexuais e jamais me tratou de forma diferente em razão delas. Infelizmente muitas pessoas ainda olham com preconceito para quem já teve muitos parceiros, especialmente se você for mulher.

Em vez de me podar, como vários conhecidos fariam, ele me incentivou a ter uma vida sexual ainda mais livre. Fantasiar, testar coisas novas, permitir outras formas de carinho e prazer. Seu único conselho foi: "Tome cuidado com os homens, tem muito maluco por aí...". Ele se preocupava com a minha segurança; sair com estranhos pode ser um risco, ainda que grande parte dos casos de violência contra mulheres aconteça em âmbito doméstico.

Toda a demonstração de carinho, atenção e, mais importante, aceitação, me atraiu. Foi ótimo ficar com ele. A doçura de antes continuou na cama, com o moço se preocupando sempre com o meu prazer e bem-estar.

Transamos gostoso, mas quando acabou eu ainda queria mais. Ele estava cansado. Brincando, deu a sugestão: "Acho que você é mulher para mais de um homem".

Eu tivera diversas oportunidades de fazer sexo a três (ou a mais!) quando mais jovem, lá pelos vinte, vinte e poucos anos. Nunca quis. Não por uma questão moral ou coisa que o valha; no máximo por causa de um pouco de timidez. Costumava dizer que "um carinha, se for bom, é suficiente pra mim". Eu verdadeiramente acreditava ser "desnecessária" uma terceira pessoa no sexo. Como se transássemos só por necessidade!

Talvez estivessem impregnadas na minha cabeça aquelas cenas de *ménage* de filme pornô, em que a mulher é praticamente um robô. Ligado na corrente elétrica. A 220 volts.

E eu não sou assim. Claro que "maratonas sexuais" são bacanas de vez em quando, mas me agrada muito mais algo menos frenético, com mais calma. É o meu jeito. Também não me excitava a ideia de ter de fazer malabarismos para uma dupla penetração. Na verdade, ter um homem pela frente e outro por trás não me dava qualquer tesão. Sexo anal jamais pode ser obrigatório pra mim (ou qualquer outro ato sexual, mas a região é especialmente sensível e a excitação deve estar acima da média para acontecer sem incômodo).

Quando o moço trouxe o assunto à tona, porém, eu ainda ardia de tesão e pensei na possibilidade de ter outro cara ali conosco. Por que não? Se fosse com alguém em quem eu confiasse, o que poderia dar errado? Eu sempre poderia parar tudo se ficasse desconfortável. Minha mente começou a viajar... Como eu ainda estava excitada, enlouqueci de tesão com a fantasia. Ele também. Transamos de novo, mas imaginando uma terceira pessoa na cama. Foi delicioso! Estava plantada a sementinha. Só não achei que ela fosse germinar tão rápido...

Números 9 e 10: Meu dia de Dona Flor

(E o melhor: nenhum deles já tinha partido desse mundo, como na história de Jorge Amado.)

Como contei no capítulo anterior, a ideia de fazer sexo a três surgiu meio sem querer, eu não fantasiava a respeito. Com uma cabeça dita "aberta" por alguns, até surpreendia quando dizia não ter tais pensamentos. Mas aí, tive. E senti vontade. E quando eu quero uma coisa...

As peças foram se encaixando naturalmente para que acontecesse. Apesar de ter chegado mesmo a ter feito planos com o número 8 para um novo encontro com um "convidado", a oportunidade surgiu antes que conseguíssemos combinar qualquer coisa.

Àquela altura eu já nem escondia a minha mais nova fantasia. Sabendo disso, um amigo com quem eu nunca havia transado fez a proposta. Eu balancei. Tive medo de fazer tudo errado, de não ser legal, de ser demais para mim. A ideia não estava completamente elaborada na minha cabeça; a conversa com o meu parceiro anterior tinha acontecido havia poucos dias. Pra completar, eu nem conhecia o terceiro vértice desse triângulo! Fiquei apreensiva, mas muito tentada, e acabei indo em frente.

Quando percebi, já estava subindo as escadas de um prediozinho na Zona Oeste da cidade. Meu amigo estava comigo, mas eu continuava sem ter ideia de como era o outro "convidado". Como eles eram irmãos, eu não estava preocupada com a minha segurança ou algo do tipo, que é uma questão sempre tensa para mim.

Ao entrar no apartamento, fui recebida com um sorriso irresistível do meu outro "marido". Naquele momento, confesso, minhas pernas tremeram. Fiquei meio paralisada, sem saber o que fazer. Após as apresentações (é bem curioso ser apresentada ao cara que em alguns minutos vai estar pelado com você quando vocês dois sabem disso), sentei no sofá. O irmão mais novo já começou a me beijar e a passar a mão pelo meu corpo. Meu amigo sentou do outro lado, e de repente quatro mãos masculinas tentavam tirar minha roupa. Eu estava extremamente nervosa e envergonhada. Colocava a bolsa no colo, tentando impedir que eles levantassem meu vestido. Sentia meu rosto enrubescendo e meu coração disparando. Olhava para os lados, observava aquele apartamento desconhecido de homem solteiro, e só pensava no que eu estava fazendo ali.

"Letícia, você veio aqui pegar dois homens", repeti mentalmente. Joguei a bolsa do meu colo e aproveitei. Muito mais do que é possível imaginar, muito mais do que jamais conseguirei expressar em palavras. Primeiro, a sensação de beijar dois homens, com bocas e línguas tão diferentes, foi incrível. Sei que há quem faz isso em baladas, mas eu nunca havia experimentado. Nada de "beijo triplo"; rolou uma alternância entre os parceiros: ora eu beijava um, no minuto seguinte estava entregue na boca do outro.

Eles foram mais rápidos em tirar a roupa. Estava tão alucinada que nem vi acontecendo. E eu, ainda vestida, me ajoelhei no chão e fiquei completamente atordoada ao ver aqueles dois paus preparadíssimos. Só para mim. Só para mim.

Naquele instante, entrei por completo na brincadeira. Vê-los excitados me deixou pirada. Enquanto beijava um, masturbava o outro; enquanto chupava o irmão mais novo, o mais velho me tocava. Isso tudo ainda na sala, com as roupas espalhadas pelo assoalho. Depois de muita mão e muita língua, era hora de passarmos para a cama. Tudo se encaixou perfeitamente – com todos os trocadilhos possíveis. A sensação que eu tinha era a de que sempre devia ser assim: cama cheia e eu brincando naquele verdadeiro parque de diversões.

Fiquei de quatro, e enquanto o mais velho me comia, eu chupava o pau do mais novo até ele gozar. Ele precisava de um tempo para se recuperar, e eu e o mais velho mudamos de posição. Passei a ficar por cima. Mandão como irmãos mais velhos costumam ser, ele dizia para o novinho vir participar. Seria aquele, então, o momento da tal dupla penetração. Apesar de não me sentir obrigada a nada, eu estava no clima. Era tudo tão excitante que achei a ideia ótima.

Só que o mais novo não estava duro para isso. Pelo contrário. Percebi que ele passou a ficar desconfortável, sem jeito. Ele não fazia nada; nem sequer se tocava. Quando o mais velho me trouxe para a beira da cama e começou a tentar fazer sexo anal comigo, notei o outro recolhendo as roupas e se vestindo. Ele queria ir embora. E, mistério dos mistérios, vê-lo partir seria uma grande tristeza para mim.

Parei tudo o que eu estava fazendo e fui até ele para tentar convencê-lo a ficar. Ele arranjou uma desculpa qualquer para ter de ir embora. Já completamente vestido, eu tentava abrir o zíper da calça para mostrá-lo quanta coisa gostosa ainda poderia acontecer naquela noite. Eu já havia até me esquecido da presença do irmão ali. Queria só o meu novinho, só ele. Ah, mentira. Queria os dois, mas *especialmente* o mais novo.

Como eu basicamente interrompi a transa instantes antes, o mais velho, prestes a gozar, veio para perto de mim se tocando. Eu não pude deixá-lo literalmente na mão e precisava retribuir toda aquela gentileza: fiquei um tempão chupando-o. Mas eu também queria fazer isso com o quase fugitivo e meti a mão dentro da calça dele. Surpresa boa: mais uma vez fiquei entre dois paus duros. O mais velho, daquele jeito fazia tempo, gozou. Fiquei inteira suja de esperma – cabelo, rosto, seios.

Ele saiu de perto para tomar banho, e o mais novo tentava me limpar com guardanapos de papel. Naquela hora, percebi quão surreal era a situação toda: um irmão estava limpando as marcas do orgasmo do outro (foram poucos momentos de consciência, confesso). Eu precisava de um banho, e convidei o novinho para me acompanhar. Eu não esperava, mas ele foi. No chuveiro, conversamos, nos beijamos e saímos dali direto para o sofá, onde ele me comeu muito gostoso.

Quando tudo acabou, ficamos conversando os três como se estivéssemos em uma mesa de bar. Nenhuma sombra de constrangimento. Espantosamente natural. O mais novo ficou abraçado comigo no sofá, como se fôssemos namorados. Tudo muito "normal". Trocamos telefones e tudo. Nem de longe eu parecia a mulher constrangida que havia chegado ali algumas horas antes.

Saí de lá com uma felicidade inexplicável. Não vou dizer que foi a melhor transa da minha vida, porque já tive fodas e homens incríveis. Mas nunca senti tanto tesão como naquele início de noite. Nunca me senti tão desejada. Nunca me senti tão saciada. Se eu não tinha qualquer vontade de fazer isso, agora devo dizer que SÓ tenho vontade de fazer isso.

E o meu novinho? Naquela mesma noite o telefone dele tocou...

Número 10 volta à cena: parece filme pastelão

Depois de um dos encontros mais incríveis da minha vida, fiquei bobona, suspirando pelo irmão mais novo. Trocamos telefones e no mesmo dia liguei pra ele. Foi curioso; fiquei nervosa feito adolescente. Afinal, não havíamos nos conhecido da maneira mais usual. E eu não sou ingênua. Sei que muitos homens fariam toda sorte de julgamentos morais sobre minha vida sexual.

Mas ele me atendeu muito bem. Conversamos e ficamos meio abobalhados juntos. Felizmente era recíproco e não houve nem sombra de **julgamento**. Só com as conversas telefônicas é que nos conhecemos de verdade. Eu sabia o tamanho do pau dele e a cara que ele faz ao gozar, mas não tinha nem ideia do que ele fazia da vida.

Nós fomos nos aproximando e ambos tínhamos interesse em um novo encontro. Dessa vez, só nós dois. Ele era muito doce e carinhoso. Chegava a ser infantil, às vezes, falando feito criança. Isso me irrita – não tenho nenhum tesão em ser a única adulta da história. Gosto de homem feito.

Combinamos de passar um fim de semana juntos. Na sexta-feira fui buscá-lo numa estação de metrô. Enquanto esperava do outro lado da rua, fiquei ansiosa, coração disparado. Quando ele apareceu, foi ótimo. Ele é uma graça; realmente me sinto atraída por ele. Apesar de ser a segunda vez que nos víamos, tudo foi bem natural.

Ao chegarmos em casa deu pra ver que ele tinha grandes planos para nosso tempo juntos. Disse (fofo!) que havia comprado cueca nova. Fez um CD com músicas que ele gosta para ouvirmos – dessa ideia eu não gostei; se houver música tocando ou televisão ligada durante o sexo eu simplesmente não consigo parar de prestar atenção.

Durante o início da noite foi tudo ótimo. Incomparável com o *ménage*, claro, pois a situação era outra. Era uma coisa mais namoradinho, enquanto da última vez tinha sido só sacanagem em estado puro. Na madrugada a coisa virou uma comédia romântica tipo pastelão. Enquanto conversávamos na cama (e só conversávamos!), fui me virar e... travei as costas. Sentia tanta dor que não conseguia ficar sentada. Ridículo. Para me levantar da cama eu tinha de me arrastar pelo colchão feito uma lagartixa. Coisa mais sensual é impossível, não?

Mas a comédia ainda tinha mais surpresas no roteiro: o mocinho começou a passar mal e a ter ânsia de vômito, apesar de não ter comido nada. Aparentemente ele estava com um problema digestivo e havia esquecido o remédio em casa. Resultado: eu, na cama, imóvel, e ele no banheiro tentando vomitar, sem sucesso.

Como continuar com tesão depois dessa? Ainda mais porque não éramos íntimos; na verdade, era a primeira vez que passávamos algumas horas juntos. Não dava. O fim de semana, que era pra ter sido de muito amorzinho, foi abortado por problemas de saúde de ambos.

Mas, quer saber? Ainda bem. Claro que eu não gostaria de ter sentido dor ou de vê-lo passando mal, mas ficar tantas horas assim com alguém precisa de bem mais sentimento do que o existente ali. Nas comédias românticas o casal acaba junto, apesar de travamento nas costas e do enjoo. Não foi o nosso caso. Isso é vida real, e ele foi pra casa e eu fiquei o resto do fim de semana andando toda torta para a coluna não doer.

Continuamos nos falando durante muitos meses, mas a empolgação passou. A vida passou. Outros caras surgiram e nossas afinidades não eram tão relevantes a ponto de termos um relacionamento de verdade. Tenho carinho por ele, quero seu bem, acho que é um bom garoto. Isso é bastante coisa, mas não é o suficiente. Havia outros homens no meu caminho que me tirariam do prumo.

Número 11: Ops, esqueci

"DICAS PARA SER INESQUECÍVEL NA CAMA", em letras garrafais nas capas de revistas. Mistura de vaidade com autoestima abalada? Por qual razão gostaríamos de ser lembrados para sempre? Desejamos que, mesmo uma década depois do encontro, a memória de quem nos conheceu não falhe e a gente esteja lá, guardada com todo o carinho. Para que deixar marcas? Será que precisamos nos sentir importantes na vida de quem, muitas vezes, não faz nenhuma diferença na nossa?

Fico pensando nos motivos pelos quais nos tornamos uma boa recordação ou somos indelevelmente esquecidas. Mesmo se seguirmos todas as tais dicas, nada garante que o outro vá se lembrar da gente. Eu, pelo menos, esqueço.

Por isso mantenho uma lista com os nomes dos caras com quem transei. Durante muito tempo escrevia num papelzinho e logo jogava fora – tinha medo de ser descoberta. E, bom, minha vida sexual não era tão aberta e eu tinha vergonha. Eu sempre tive o número de cabeça, e, quando reescrevia, sempre faltava algum. Matutava, matutava... Uma vez, notei que havia esquecido de um namorado importantíssimo e de quem gostei bastante.

Com a variedade durante o ano, lembrar-me de todos ficou um pouquinho mais complicado. Ao escrever sobre o número 11, não conseguia lembrar de jeito nenhum quem era. Quando finalmente as cenas daquele domingo voltaram à minha mente, soube imediatamente a razão pela qual a experiência não me marcou. Foi logo no dia seguinte ao *ménage*. Não dava para ser inesquecível. Todo o meu corpo ainda tremia com as recordações da noite anterior. O garoto não tinha nada de errado, não fez nada de errado.

Só que eu estava com a cabeça em outro lugar. Eu já havia marcado de sair com ele; era algo planejado havia tempos. Achei melhor não desmarcar. Não se tratava de falta de tesão, mas nada se compara às sensações que eu havia experimentado menos de 24 horas antes.

Há vezes em que somos esquecidos porque mandamos mal; outras, porque a pessoa está apaixonada por outra. Em alguns momentos, a química não acontece, simplesmente. Mas naquele dia não adiantaria nem ele se pendurar no lustre ou ser igualzinho ao Brad Pitt. Qualquer um seria esquecido.

Número 12:
Uma frustração

Criar expectativas é uma das piores coisas que podemos fazer por nós mesmos. A gente só se desilude ao fantasiar. Faço isso direto e sempre me ferro. O número 12 dessa lista é um exemplo clássico.

Muito inteligente, conversávamos todos os dias. Falávamos sobre sexo, mas não como flerte. Nós nos conhecemos na internet na época em que eu estava, digamos, me redescobrindo. Saber das fantasias dele, contar minhas experiências... Tudo foi enriquecendo o meu jeito de enxergar a vida. Éramos completa e irremediavelmente diferentes. Nossos estilos de vida eram opostos. No meio de tudo, porém, havia uma certa afinidade e eu achei – que ingênua! – que era o suficiente.

Não era. Descobri isso numa noite chuvosa. Contava para ele, num *chat*, sobre o *ménage* de alguns dias antes. Nós falávamos sobre tudo. Ele se empolgou e falou: "Vem aqui". Não precisou repetir. Tomei banho e me vesti na velocidade da luz. Estava excitadíssima (não no sentido sexual). A gente nunca havia se visto e ele era muito arisco. Fiquei apreensiva por achar que ele desistiria. Uma completa imbecil.

Saí de casa correndo, com pressa. Ao chegar perto do apartamento dele, me perdi. Fiquei dando voltas e mais voltas nas ruas próximas, sem conseguir encontrar o prédio. Percebi então que, naquela urgência toda, havia esquecido o celular em casa; não tinha como pedir ajuda. Passei a me irritar profundamente com a situação – e a ficha começou a cair. Eu não deveria estar ali, nervosa por achar que ele poderia não querer mais me encontrar naquela noite. Onde já se viu isso? Que tipo de amizade pode existir quando um dos envolvidos simplesmente tem "medo" do outro? Quando finalmente cheguei lá, chovia ainda mais. E eu, é claro, estava sem guarda-chuva (parece que tudo dá errado nessas horas). Toquei a campainha completamente molhada, com cabelo de louca, os pés encharcados.

Ao abrir a porta, o moço me recebeu de um jeito *blasé*, quase melancólico. Ele é assim; não sei nem por que me surpreendi. Eu expliquei que havia me perdido e que só fui até lá para ele não achar que tinha tomado um bolo. A resposta foi simples e quase monossilábica: "Está tarde".

Era óbvio que estava tarde! 1) Eu uso relógio. 2) Eu já saí de casa altas horas da noite. 3) Moramos em zonas diferentes da cidade. 4) Eu me perdi. 5) Chovia muito. 6) Estava tarde pra nós dois.

De todo modo, não sei se enquanto me esperava ele ficou pensando no que aconteceria, se ficou vendo pornografia on-line, se fantasiou sobre meu *ménage*. Só sei que ele me surpreendeu ao mostrar o pau já duro. É, assim, no seco (só eu estava molhada – e aqui estou falando em sentido literal; infelizmente, não há nenhuma metáfora ou gracinha escondida nas entrelinhas).

Eu me empolgo quando vejo um pau duro. Não qualquer um, lógico. Nem mesmo em filmes pornôs. Mas eu gostava do cara, admirava várias coisas nele... e já estava lá. Comecei a chupá-lo enquanto ele foi tirando a roupa. Ficou nu. E eu totalmente vestida! A situação era surreal.

Quando ele afinal percebeu quão maluco era aquilo tudo, perguntou: "Você quer transar, né?", com um ar de tédio, como quem está prestes a cumprir uma tarefa há muito adiada no trabalho. Respondi que sim, meio sem entender se aquela cara era de falta de tesão ou se ele tem, de fato, aquela cara de quem está o tempo inteiro incomodado com o cheiro, sei lá, do Rio Pinheiros quando fica muitos dias sem chover.

Antes nunca tivesse saído de casa. Mais uma vez tive a péssima experiência de viver uma relação sexual tediosa, burocrática, em que a penetração é a grande estrela (apagada). Quando será que as pessoas vão perceber que sexo não é só pau dentro da boceta? Inclusive para uma porcentagem altíssima da população mundial é bem diferente disso. Para todos nós, sexo poderia e deveria ser muito, muito mais. É o beijo na nuca, é o elogio solto por conta dos hormônios enlouquecendo, é o calor subindo e deixando as bochechas rosadas. Penetração é importante pra mim, sim, e é uma delícia. Mas há tanta coisa envolvida! E tanta coisa gostosa... Restringir a ideia de sexo à penetração é deixar de viver experiências maravilhosas.

Pena que, entre nós dois, só eu penso dessa maneira. Quando ele acabou (não, eu não acabei, não cheguei nem perto de um orgasmo), me vesti e fui embora. Nunca mais nos falamos. Soube depois por meio de uma amiga que ele também não curtiu. Ele até tentou dizer os motivos, mas ela não quis ouvir (ou, pelo menos, nunca quis me contar).

Eu não me arrependo quando essas histórias toscas acontecem, pois elas não me machucam. Não pelo fato de o sexo ter sido ruim – às vezes pode rolar um desapontamento –, mas por questões que transcendem a parte carnal da coisa. Na verdade, acho engraçado contar depois, e me ajuda a valorizar os rapazes mais preocupados com o meu prazer. Lógico que eu gostaria de viver apenas histórias incríveis, mas a vida real não é assim. A lição desse número 12? Nada de criar expectativas com homem, nada de ficar desejando demais alguém sem saber onde está pisando.

Infelizmente eu não aprendi a lição. Meses depois ainda repetia comportamentos parecidos, de me colocar na posição "da que dá prazer", mas não recebe de volta. Acho tão gostoso ver o meu parceiro se divertindo que às vezes esqueço que minha satisfação também passa pelo meu corpo. E que sexo é reciprocidade, senão é masturbação acompanhada.

Número 13:
Rapidíssima

A ideia pareceria incrível para alguns: sexo no escritório. Confesso que detesto transar em locais públicos ou onde alguém pode aparecer a qualquer momento. Não consigo relaxar. O que para muitas pessoas é um tempero na excitação, para mim é um balde de água fria. Gosto de cama grande, ar-condicionado ligado, banheiro limpo e ducha quente. E portas fechadas.

Talvez seja porque eu já tive minha cota para esta encarnação de "sexo às escondidas". Quando adolescente, eu "fugia" para encontrar namorados. Nem sempre para fazer sexo (aliás, quase nunca), mas uma simples passadinha de mão mais íntima tinha que acontecer quando ninguém estivesse olhando. "Rápido, antes que alguém chegue". O sexo, então, tinha aura de "errado", de "mentira", e o relaxamento nunca vinha. A proibição não me excitava, mas não me impedia de nada (quando os pais perceberão que os filhos cresceram e transarão, com ou sem a anuência deles?).

Mesmo com tudo isso, disse "sim" ao convite do rapaz. Era feriado e ele estava trabalhando – e eu não. Ele me chamou para fazer uma visitinha ao escritório.

Quando cheguei lá, a empresa estava quase vazia. Fomos para uma sala de reunião, onde começamos a nos beijar. Quando a coisa esquentou, passamos para um banheiro contíguo à sala. Era enorme!

Primeiro tentamos o clássico: eu sentada na bancada da pia e ele em pé. Só que ele é muito alto e o encaixe não rolou. Ficamos trocando as posições durante alguns minutos, nos divertindo, mas meio sem chegar a lugar algum. E numa "rapidinha no escritório" a penetração acaba sendo a parte mais importante, mesmo (está aí mais um motivo para eu detestar sexo com hora para acabar e com pouca duração).

Até que ele se deitou no chão e eu fiquei por cima dele. O pau estava naquilo de ficar meio mole durante a transa, sem rolar o encaixe perfeito (ai, e como é bom quando é perfeito!). Enquanto nos beijávamos e nos acariciávamos, eu ficava me movendo como se ele estivesse dentro de mim – mas ele não estava. Parecíamos adolescentes nos roçando por fora da roupa.

E aí, sem mais nem menos, ele gozou. Eu simplesmente não acreditei no que havia acontecido, até porque não percebi. Ele estava de camisinha! Ele estava de camisinha e não estava me penetrando. Atenção: ele estava de camisinha, não estava me penetrando e gozou.

Fiquei incrédula. Achei, por alguns segundos, que fosse brincadeira a confissão do orgasmo. Não achei possível aquilo. Eu nem havia começado! Rolou uma frustração, sim, até porque ele não fez nada para "compensar". Eu não preciso de um pau ereto, em riste, para me fazer feliz. Mas existe boca, existem dedos... Ele pareceu esquecer essa parte. Corei de vergonha alheia, coloquei minha calcinha e fui embora.

Ejacular muito rápido – ou não ejacular nunca – não é incomum, pelo contrário. Pode ser algo circunstancial ou habitual. Neste último caso, o jeito é procurar um médico. Às vezes esses problemas são causados por coisas fáceis de serem resolvidas. De qualquer modo, não vale ficar com grilos na cabeça. Procure ajuda especializada. E, quando isso acontecer, lembre-se de que a penetração não é o mais importante. Seu corpo é muito mais do que isso.

Número 14:
Minha culpa, minha máxima culpa

"Moreno alto, bonito e sensual." O pacote é tão atraente que já virou até verso de música. O número 14 tinha tudo isso. Mesmo assim ele não foi "a solução pros meus problemas". Pelo contrário. Ele foi um fofo, carinhoso, gostosinho. No entanto, eu não sei o que aconteceu comigo naquela noite; eu não conseguia "ligar". Fico pensando se havia algo atormentando a minha mente... e nada! Tento lembrar se ele fez algo muito errado... e nada! Talvez tenha sido uma oscilação hormonal das brabas, não sei. Só sei que eu não estava ali, mesmo com todos os esforços do rapaz.

E vou ser sincera: ele tentou muito. Nem depilada eu estava, mas ele não fez o espetáculo circense de se recusar a transar comigo ou me chupar, como muitos homens fariam (esses merecem ficar longe de boceta pelo resto da vida). Rolou sexo oral, masturbação... tudo. Sim, cheguei ao orgasmo, foi uma delícia, mas a sensação de que minha mente não estava lá permanecia, como se todo o prazer tivesse sido proporcionado por um vibrador ou um *bullet* mais animadinho.

A química é engraçada – e sorrateira. O rapaz tinha o que as revistas femininas colocam como ideal: ele é um gostoso, desses que malham sem ficar grandões, atlético, bonitão. No papel, eu deveria ficar altamente atraída, mas faltou o clique, o toque que faz a perna tremer, a sensação dos pés flutuando a cada beijo.

Às vezes nos sentimos assim com as pessoas mais improváveis. Por essas e por outras (muitas outras) é que acho os modelos de beleza uma grande bobagem. Perguntam "qual o seu tipo de homem?" e eu olho pra trás, relembro os carinhas com quem já dividi lençóis e não consigo encontrar um padrão. A atração sexual se dá de formas inexplicáveis.

Colocam na lista de coisas a fazer, como se o mundo fosse sempre uma grande competição, as Olimpíadas de Quem Conquista Mais Pessoas: pintar o cabelo, usar maquiagem cara, vestir meia-calça, investir no decote. Podem criar regras, querer estipular até o peso que alguém deve ter para ser sexualmente atraente. Quem não se adequar está fora do jogo. Ao estabelecer normas de aparência e atração, esqueceram-se do intangível. O que faz alguém sair do chão conosco é totalmente abstrato. Isso ficou muito claro com o número 14.

Fiquei chateada porque ele percebeu a minha "ausência" e se culpou por isso. Passou meses dizendo não ter dado o seu melhor, me chamando para sair de novo para "tirar a má impressão". Eu insisti em afirmar que eu não estava 100%, elogiando a *performance* do rapaz. Ele realmente tentou. Eu é que brochei.

Número 15:
Selvagem até demais

Marcelo tem olhos verdes, cabelo loiro, pescoço cheiroso. Um rapaz bonito. Mas o que me chamava a atenção nele era o português impecável e como ele falava sobre sexo. Me ganhou nos pontos finais dos SMS trocados ao longo de todo o dia, durante semanas. Até a nossa primeira transa, conversamos muito. Não era uma coisa "vou fazer isso ou aquilo", pois esse tipo de papo me cansa. Mas nossos desejos pareciam convergir: as mesmas taras, fantasias, fetiches... Só ver o telefone tocando, com o nome dele aparecendo no visor, já me fazia tremer.

Adiamos nosso encontro mais vezes do que eu gostaria por causa de compromissos profissionais de ambos. E o tesão aumentava. Quando finalmente ficamos sozinhos em um quarto, tinha a certeza de que viveria uma noite magnífica. Curioso como as nossas verdades desabam rápido.

Logo deu para perceber como curtíamos coisas diferentes na cama. O negócio dele era ser mais *hardcore*, com muito puxão de cabelo, tapa e até (juro) cuspe no rosto. Porém, não gosto dessas coisas. Para falar a verdade, detesto. Quer me xingar? Adoro. Um puxãozinho de cabelo, ok. Tapinhas não me excitam, mas também não me incomodam. Qualquer coisa além disso me corta o tesão completamente. Odeio sentir dor, não é a minha mesmo. Ainda assim, eu deixei que ele fosse adiante.

Em nenhum momento Marcelo fez alguma coisa sem minha permissão. Isso é assustador, pois consenti com atos sexuais que estavam me agredindo. Disse "sim", apesar de ficar profundamente incomodada com a tentativa de Marcelo de enfiar sei lá quantos dedos na minha boceta. Além de não sentir prazer, doeu. Desistimos quando tentamos fazer sexo anal e eu, como esperado, não consegui deixar ele me penetrar.

Fomos para a sala e Marcelo começou a se vestir para ir embora. Estranhamente, pedi a ele que ficasse. Eu havia odiado tudo, desde o início (só houve um momento prazeroso para mim: quando eu estava de bruços e ele por cima de mim – sem me penetrar – beijando minha nuca e fazendo carinho nas minhas costas). Mesmo assim, eu tentava consertar as coisas, como se estivesse "devendo" algo por não estar à altura das expectativas dele. Talvez eu quisesse ser incrível na cama, a "fodona que topa tudo"; talvez eu achasse que as coisas iriam melhorar. Um monte de "talvez" e só uma certeza: eu fiz aquilo que eu não estava a fim de fazer.

As coisas ainda iriam piorar. Marcelo se encheu de vaidade e resolveu me aconselhar. Surpreendentemente (e eu juro jamais ter esperado por aquilo) ele fez um discurso sobre como eu conduzia a minha vida sexual. Sem gritar ou fazer qualquer escândalo, me chamou de puta. Para Marcelo, eu teria "o diabo no corpo", por querer fazer coisas moralmente reprováveis, segundo o ponto de vista dele. O mais incrível é que ele havia feito as mesmas coisas que eu!

Depois que ele foi embora, chorei muito. Fiquei vários dias me sentindo mal, com ânsia de vômito ao me lembrar de cada detalhe. Afinal, eu havia me submetido a coisas que me machucaram sem entender direito o motivo. Hoje isso não faz mais diferença na minha vida e percebo que eu permiti tudo por acreditar que não deveriam existir limites na busca do prazer sexual. De fato, as regras que a sociedade nos impõe culturalmente devem ser repensadas, mas no caso eu ultrapassei *minhas* regras pessoais. Eu não estava gostando. E o bem-estar é essencial para o prazer no sexo.

Superei, mas não foi fácil! Fiquei um mês sem sair com ninguém. Não tinha coragem. Achava que todos os homens iriam querer me machucar.

Fiquei com um gosto muito amargo na boca. Não por causa das preferências sexuais do Marcelo, mas por eu ter me colocado naquela posição e ainda ser xingada no final. Foi muito, muito duro. Naquela noite eu soube que jamais devo fazer algo que eu não tenha vontade de fazer. E o aprendizado não veio fácil. Para eu me abrir de novo e confiar em uma pessoa quase desconhecida (porque as pessoas mostram para a gente só o que querem), demorou bastante. Foi só com muita paciência e delicadeza que o 16º conseguiu me ajudar a voltar a curtir a vida sexual...

Número 16:
Uma bela recuperação

Depois da experiência desastrosa do número 15, evitei encontrar outros caras. Não tinha vontade e fiquei com muito medo de me machucar de novo. Nem mesmo os homens que já passaram na minha vida (e, portanto, sabia que não haveria risco de me tratarem mal) me atraíam. Convites novos eram declinados solenemente.

Até um quase quarentão chegar de mansinho. Bem de mansinho mesmo! Ele é uma graça: baixinho, magrinho (mas que bunda!) e com uma cara de ser superjovem. Como eu não atendia às investidas dele e detesto parecer essas pessoas que apenas se fazem de difíceis, acabei explicando o acontecido semanas antes. É reconfortante notar como pessoas quase desconhecidas podem ser tão solidárias e compreensivas. Ele, então, disse que faríamos tudo no meu tempo. Talvez fosse só conversa fiada de homem galanteador, mas eu resolvi dar uma chance. Afinal, eu não poderia ficar para sempre remoendo aquela história horrível.

Mas eu enrolei. Enrolei muito. E hoje me arrependo um pouco por ter desperdiçado algum tempo. Isso porque eu só aceitei ir para a casa dele quando o sol já estava raiando – e nós dois teríamos de trabalhar no dia seguinte. Estava caindo de sono quando chegamos lá.

Com o avançado da hora, o sexo não teve as mil posições de páginas de revista, os mil gozos inesquecíveis e ninguém se pendurou no lustre. Estávamos ambos cansados. Mas ele me beijou muito, me tocou mais ainda, fez sexo oral gostoso demais (e me levou ao orgasmo antes dele – eu normalmente não me importo com a ordem dessas coisas, mas naquele dia precisava ser mimada). A cena que ficou guardada na minha memória, porém, foi o momento em que ele gozou. Ele estava em cima de mim, na clássica posição papai-mamãe – então eu olhava bem nos olhos dele. Quando aconteceu, ele fez uma cara linda, linda, linda!

Dormimos quase abraçados por pouquíssimas horas, umas duas ou três. Como eu entrava um pouco mais tarde no trabalho, ele até sugeriu que eu ficasse lá dormindo. Lógico que eu não ficaria lá sem ele, mas gostei da gentileza. Enquanto eu o esperava ficar pronto, fui para a varanda pegar um pouquinho de sol do dia lindo que fazia. De lá de cima, conseguia ver o prédio onde fizera o *ménage* alguns meses antes (números 9 e 10). Ri da coincidência e me toquei de que sempre fui muito mais feliz do que triste na minha vida sexual, ainda que um ou outro cretino (como o 15) tenha aparecido no meu caminho. Foi o sinal para eu voltar a ser quem eu sempre fui. Eu, Letícia, sem medo. E em busca do prazer.

Número 17:
O verdadeiro sentido da "pegada"

Ele escolheu o melhor quarto do meu motel favorito. Enorme, com uma hidro gigantesca (cabem umas quatro pessoas lá dentro). Antes disso, ele ainda me esperou sair (muito) tarde do trabalho. Deu para notar que fez a barba, passou um excelente perfume e até lavou o carro antes do nosso encontro. Antecipação? Delicadeza? Enquanto nos beijávamos naquela cama sensacional (só os travesseiros eram horríveis, como acontece em 90% dos motéis), fui me entregando aos pouquinhos. Mas eu notei que ele evitava o toque de certas partes dos nossos corpos. Aproveitei os beijos. Beijei, beijei, beijei... Ao tentar mudar de posição para o glorioso encontro dos nossos quadris, vi ele se encolhendo todo. Até aí, ok, eu não insisto em estímulo se não for muitíssimo bem-vindo.

Ele então começou a me tocar de uma maneira que eu jamais havia sido tocada antes. Já experimentei bocas absolutamente sensacionais no sexo oral (foram poucas, infelizmente), mas a masturbação quase sempre foi feita de forma um pouco mais bruta do que eu gosto. Ele, não! Calma e delicadamente, foi descobrindo com as mãos cada pedacinho de mim. E eu me deixei levar por aquilo. A excitação atingiu níveis estratosféricos. Chegou a hora em que eu queria (e queria MUITO) ser penetrada. Pedi – e de um jeito nada sutil.

Foi quando a verdade apareceu: ele havia brochado. Assim que chegamos ao motel, o pau dele estava duro. "O que teria acontecido?", pensei. Bateu a insegurança de achar que tinha feito algo de errado. Considerei a possibilidade, também, de o tesão ter se acabado após me ver nua. Se fosse o caso, paciência, não existe uma plástica *express* para me salvar de uma situação assim. Mas talvez fosse o cansaço, a expectativa e tantas outras coisas que nos atormentam.

Continuamos, então, nos tocando, nos beijando, nos excitando. Gozei, mas sem penetração, só com os dedos. Depois de um tempo nos curtindo, o pau dele ficou duro. Transamos e foi muito gostoso, mas, sinceramente, nada do que ele fizesse iria desbancar a própria mão. E que mão!

Não sei se o que aconteceu foi algo esporádico (nunca mais saímos). Continuamos no motel, aproveitamos a banheira de hidromassagem, conversamos sobre a vida e depois fomos para casa. Cada um para a sua.

Depois fiquei pensando na importância dada à penetração. A melhor parte da noite pra mim foram, sem dúvida, os momentos em que simplesmente curtimos nossos corpos. Com mãos, língua. Risadas. Não posso dizer que não passou pela minha cabeça ser minha a "culpa" pela falta de ereção. Como não foi a primeira vez que isso aconteceu na minha vida sexual, sabia que expressar meus receios poderia ser um balde de água fria. Não falei nada.

Reclamar ou questionar só faz com que os dois fiquem inseguros. E daí o clima acaba e uma transa que poderia ser muito gostosa (como essa, de fato, foi) simplesmente acaba.

Mesmo que ele não tivesse ficado de novo de pau duro, a noite não estaria perdida – como muitas histórias e reportagens querem nos fazer acreditar. Nós nos divertimos e tivemos imenso prazer. Há muito mais zonas erógenas nos nossos corpos do que costumamos aproveitar. E ele habilmente me fez enlouquecer só com um toque. Ou vários. No lugar e na intensidade certos.

Número 18:
Ele entendeu tudo errado

Demorei algum tempo para decidir sair com ele. Seria a primeira vez que conheceria um leitor do *blog*. Àquela altura quase ninguém sabia da minha real identidade, e o medo de ver meu nome espalhado por aí não me agradava. Também seria estranho escrever sobre alguém que leria uma narrativa sobre a nossa noite. Além disso, trabalhávamos na mesma empresa. Em redações diferentes, mas um eventual encontro nos corredores ou elevadores não estava afastado. Depois de algumas semanas, diversas trocas de e-mails e um pouco de contato telefônico, criei coragem. Vontade já existia.

Depois de vários convites dele, naquele dia fui eu que tomei a iniciativa. Liguei, chamei pra sair, passei pra buscar. Fomos a um bar e dividimos a conta. E talvez ele tenha entendido a mensagem de um jeito muito torto – eu, a "puta" e que ainda pega as rédeas de tudo? Tudo facinho, sem questionamentos, sem grude?

Infelizmente ainda há pessoas com a mania horrível de separar as mulheres em caixinhas, em categorias. Eu devia ter desconfiado que ele não encarava o sexo com tanta liberdade assim quando, ao sairmos do bar, ele pediu para passarmos numa farmácia para comprar um antigripal. Era tarde e tivemos de rodar até encontrar uma aberta.

Esperei no carro. Ele volta com uma sacolinha. Dentro, camisinhas e um sabonete líquido (!). Nenhum antigripal. O moço havia inventado a história do remédio como desculpa para irmos à farmácia, já que ele não tinha preservativo em casa. E, dentro da loja, pegou o sabonete líquido porque ficou com vergonha (!) de passar no caixa só com as camisinhas.

Esse teatro todo era totalmente desnecessário. Eu tinha zilhões de camisinhas na bolsa.

Chegando ao apartamento dele, as coisas ficaram deliciosas. Ele abriu o zíper e foi logo colocando o pau duro e grosso para fora. Era lindo!

Passamos para o sofá, onde ele acabou de tirar a roupa e descobriu a minha surpresa: eu estava de espartilho (ele já devia ter imaginado; é impossível sair de espartilho na rua – cheia de laços nas costas – e ninguém ver). Ele não fez questão de tirá-lo. Sim, há homens sem habilidade para abrir um sutiã – imagine um espartilho! –, mas acho que nesse caso a coisa fazia parte da fantasia, do clima. Aliás, que clima... Quando ele me penetrou, a sensação de preenchimento foi incrível.

Continuamos ali por um tempo até irmos para o quarto. Foi um dos poucos momentos da noite com alguma demonstração de carinho: ele me deu as mãos para me levar até a cama. O sexo foi uma delícia, exceto – mais uma vez, já virou costume – pela completa ausência de sexo oral em mim. Mas foi safado, intenso, vigoroso. Logo depois de gozarmos, conversamos por três minutos e ele dormiu. Profundamente!

Eu adoro dormir depois do sexo. Não preciso ficar abraçadinha conversando. Acho que o sono depois de um orgasmo é uma das coisas mais relaxantes do mundo. Além do mais, ele havia bebido. Porém, eu fiquei meio sem saber o que fazer. Era tarde, meu carro estava parado em uma rua deserta e fiquei naquela dúvida cruel entre ir embora (e correr o risco de ser assaltada ou algo do gênero no caminho) e ficar ali com um cara que não havia demonstrado nenhuma vontade de que eu ficasse. Pior: eu tenho imensa dificuldade em dormir na cama dos outros. Já estava muito tarde e eu preferi ficar insone a descer e não chegar nunca em casa.

Só que, pra variar, eu não estava satisfeita. Depois de alguns cochilos, comecei a acariciá-lo. A reação dele foi a melhor possível – foi ficando enrijecido... e eu, animada! Mas parou por aí. Ele passou a mão algumas vezes no meu corpo, mas nem abria os olhos! Depois de muito estimulá-lo, ele disse, ainda de olhos fechados:

– Vai lá na sala e pega uma camisinha. Depois, pega o lubrificante aí na gaveta do criado-mudo e passa em mim. Vamos fazer sexo anal.

Eu fiquei estarrecida. Ele realmente acreditava que eu iria obedecê-lo (o tom foi de ordem, mesmo)? Ele realmente acreditava que iria fazer sexo anal comigo naquelas circunstâncias? Eu não acreditei no que ouvi. Larguei a mão (literalmente), me afastei dele na cama o máximo que pude e esperei o dia amanhecer para ir embora. Já era muito, muito tarde.

Eu tinha um compromisso de manhã muito cedo e ainda era dia de rodízio, isto é, precisava chegar antes das sete horas. Resolvi tomar banho lá. A "gentileza" do moço continuava mesmo depois de o sol raiar. Ao pedir uma toalha, ele balbuciou:

– Na terceira porta do armário...

Interrompi. Disse que não ia sair abrindo porta de armário na casa dele e que em breve eu iria embora e ele poderia dormir em paz. Ele levantou a contragosto e pegou a toalha. Fui tomar banho e, ao entrar no box, vi diversos frascos de sabonete líquido. Ri e imaginei quantas vezes ele teria ido à farmácia comprar camisinha e teve que passar no caixa com um diabo de um sabonete para "não chamar a atenção para o fato de que – olhem só – ele faz sexo".

Nossa despedida foi fria. Saí correndo para o meu compromisso, e mesmo assim cheguei atrasada. Estava morrendo de sono, mas o pior de tudo é que não dava para vestir o espartilho de novo porque todo mundo iria percebê-lo por baixo do vestido. O jeito foi sair só com a calcinha, mas fiquei achando que o mundo inteiro perceberia a ausência de sutiã. A primeira pessoa conhecida que encontrei foi logo elogiando, dizendo que eu estava elegante. Eu estava sem sutiã!

Na verdade, eu estava um caco por causa da noite maldormida. Mas acho que um sexo gostoso faz milagres. Você parece elegante mesmo sem pentear o cabelo, sem passar corretivo nas olheiras, sem escovar os dentes. Mesmo sem sutiã.

Número 19:
O toque perfeito

Ele conseguiu a perfeição. A mão que segura sua nuca enquanto ele te beija, com os dedos entre os fios do seu cabelo, com firmeza suficiente para você perceber que ali há um homem que te quer, mas com suavidade suficiente para você perceber que ele vai te tratar com toda a doçura do mundo.

Não resisti. Impossível tê-lo feito. E nem queria resistir, na realidade. O arrepio descendo pelas minhas costas a cada leve puxão de cabelo durante o beijo me fazia ficar mais atraída. No motel, não deu tempo nem de chegar ao quarto. Bastou ele baixar a porta da garagem para começarmos a tirar a roupa.

Transamos já na escada de acesso ao quarto. Eu estava de vestido – e, àquela altura, já sem calcinha. Era só a primeira parte de uma noite inesquecível.

Usamos a escada, o sofá, o chão, o chuveiro. Até a cama! E quando a cama vira cenário secundário... Por aí dá para imaginar quão delícia ele é. Mais uma vez, ele era mais novo que eu – meu ponto fraco, admito. Ele tinha só 23 anos (eu estava com 31) e quase nenhuma experiência sexual, se isso pudesse ser medido apenas pelo número de parceiras. O que, convenhamos, é uma bobagem sem fim, mesmo o senso comum dizendo o contrário.

Me deixei ficar perdida por algumas horas, nas mãos, na boca e no pau daquele garoto. Não consigo me lembrar de nada que ele tenha feito errado, nada. Ele é um dos que abre a porta do carro, escolhe a música que ele acha que você vai gostar, se preocupa se você está sentindo frio e pergunta se você quer fechar a janela. Muito, muito gentil.

O cuidado e o carinho fora do quarto são uma prévia do que acontecerá quando vocês estiverem a sós. Não é garantia, claro, mas se o carinha já não é educado antes, na hora é provável que ele ache desimportante proporcionar prazer à parceira.

E felizmente não foi o caso. Educado, amável, cuidadoso. Quase me apaixonei. Suspirei profundamente por algumas semanas. O ar faltava cada vez que me lembrava dele com a boca no meio das minhas pernas. Mas as nossas viagens a trabalho acabaram nos afastando. E, nesse meio tempo, ele se interessou por outra garota. Muito sortuda, devo dizer. Da última vez em que nos falamos, ele estava quase namorando.

Por tudo isso eu não pude ter o imenso, imenso prazer de ficar com ele de novo. Não é motivo para lamento. Ele foi o primeiro de uma maré de sorte – e de boas escolhas! – que me acompanhou por um bom tempo. Depois dele, tive muita boa história para viver. E para contar.

Número 20: Fixação anal

Minha noite não foi com homem nenhum. Aliás, foi com quatro homens (epa!) numa pista de dança. Todos cheirosos, bem vestidos, carinhosos... e *gays*. Dancei Madonna, Britney Spears, Rihanna, Lady Gaga e todas as músicas *pop* que são sucesso nas rádios. Lá pelas cinco da manhã, fui embora com os pés doloridos, tropeçando na rua de paralelepípedos.

No celular, uma troca de mensagens entre mim e um amigo que havia trabalhado durante a madrugada. "Vem pra cá", ele dizia. O curioso (e um pouco triste) é que antes de chegar ao estacionamento uns rapazes passaram de carro e gritaram "vai, gordinha!". Jamais entenderei qualquer xingamento a um desconhecido, especialmente quando tamanha grosseria é a respeito da aparência física do outro.

Bizarro é que, enquanto eles me xingavam, eu andava feliz para ir ao encontro do meu amigo. Dirigi alguns poucos quilômetros. Parei na padaria, comprei uma Coca e tomei café da manhã – o sol já havia raiado e eu estava faminta. Um último *pit stop* na farmácia para camisinhas e lubrificante. Quando cheguei lá, o moço estava acordadíssimo.

Ele me levou para o banheiro, onde já havia uma toalha separada para mim. Entramos no chuveiro juntos e ele me deu banho, calma e lentamente. Não conseguiu tirar a maquiagem dos meus olhos e eu fiquei com aquela cara de louca de quem passou lápis+máscara+sombra preta. Olhos de ressaca do século XXI.

Limpa e cheirosinha – e sem roupa, facilitando muito as coisas – deitei na cama do mancebo. O sexo começou muito bem. Até eu perceber uma certa predileção dele em me comer de costas. Uma hora eu devia ficar de bruços; no momento seguinte, devia ficar de quatro. De ladinho? Só se fosse com ele por trás de mim. Sim, é lógico que ele queria fazer sexo anal, mas eu nem estou falando disso, não. Como a alternativa não estava disponível, ele queria só fazer posições em que a visão da minha bunda estivesse livre. Ótimo, cada um com suas taras, mas eu só me perguntava o que tinha acontecido com o bom e velho papai-mamãe! Aliás, é das minhas posições favoritas.

A insistência nas posições era entediante. É entediante, na verdade. Costumo chamar isso de "flanelinha do sexo" ("vira pra esquerda", "agora para a direita", "desfaz, desfaz"). E eu estava com sono. Muito sono. Não dormia fazia 24 horas. Acabei apagando. Inclusive durante o sexo. Em determinado momento, acordei e ele tinha sumido. Fui atrás do rapaz e ele estava na sala, trabalhando no computador. Voltei ao quarto para dormir de novo (e ele, para ficar querendo me comer por trás).

Passei a manhã do domingo entre adormecer e transar (e transar meio cochilando). Quando o sono passou, peguei meu carro e voltei para casa. O dia estava ensolarado! Um lindo domingo de outono. Dancei, ri com meus amigos, transei, dormi. Precisa de mais alguma coisa?

Esta é uma das histórias mais divertidas do ano. Ela é um ótimo exemplo de como é a vida de quem faz sexo pelo sexo, sem ficar se grilando com bobagens. É muito, muito leve, muito gostoso. Super recomendo!

Números 21 e 22: Como se fosse a primeira vez

Enquanto eu dirigia pela Marginal Pinheiros, sentia quatro mãos por dentro do meu vestido. Duas subindo pelas pernas, duas inutilmente tentando descobrir o meu corpo, começando pela nuca e braços. Já era alta madrugada; se fosse mais cedo e ainda houvesse luz do sol, todos perceberiam meu rosto ficando vermelho e mais vermelho, tamanha a vergonha. É, não era a primeira vez que eu fazia aquilo, mas não pude deixar de ficar apreensiva.

Tentei me acalmar no elevador. Inútil. Os dois moços faziam comentários nada castos sobre o tamanho dos meus peitos ou da minha bunda. Se não fossem as câmeras de segurança, a pegação iniciada no carro teria continuado ali mesmo. Eles já estavam prontos para qualquer coisa – eu ainda precisei esperar alguns segundos até abrir (e fechar) a porta de casa.

Era só o que faltava.

Quando ficamos sozinhos, a inibição desapareceu. Eu me transformei. Ajudava muito o fato de um deles, o Paulo, beijar exatamente do meu jeito favorito. Beijos longos, quase calmos, mas com movimentos de uma língua procurando a outra (sem aquela *vibe* "britadeira"), me excitam demais. Quase dá para sentir o momento em que começo a ficar molhada. Nos beijamos muito. Era a primeira vez dele num *ménage*, mas, até aquele momento, nem dava para desconfiar. Paulo parecia muito à vontade em dividir uma mulher com o amigo Eduardo.

Eduardo, ao contrário, já perdeu as contas de quantos *ménages*, trocas de casais ou surubas participou. Ele não é um homem bonito para os "padrões". O corpo de quem pratica esportes há décadas, porém, é delicioso. Rapidamente ele tirou a roupa e começou a desfilar com o pau duro.

Eu e Paulo seguimos a onda e nós três começamos a nos tocar. Mais uma vez eu estava com dois homens só para mim. Extremamente excitada, não sabia nem o que fazer primeiro. Ao mesmo tempo em que o beijo do Paulo me enlouquecia, a visão sublime do pau duro do Eduardo era muito sedutora.

Eu não sei se foi a nova experiência ou se rolou uma insegurança do Paulo, mas ele tendia a amolecer. Talvez ele estivesse se comparando com o amigo, com grilos como tamanho, o tempo que se demora para gozar, e assim vai. E, se essa competição entre homens realmente existe, não dava para competir com o Eduardo. Eu, aos 31 anos e mais de cem homens no "currículo", aprendi posições novas com ele.

Em um desses momentos em que Paulo ficou mais molinho, eu fiquei de joelhos e comecei a chupá-lo. Eduardo chegou mais perto. E mais perto. Comecei a chupar os dois ao mesmo tempo. É claro que não é fácil colocar tudo dentro da boca, como nos querem fazer crer os filmes pornôs, mas é possível fazer uma brincadeira gostosa. Foi uma delícia... O clima ficou tão excitante a ponto de eu desconfiar de que Paulo olhou para Eduardo com um certo interesse, mas nada aconteceu nesse sentido. Infelizmente, pois a ideia me agradou muito. Teria sido muito gostoso se nós três tivéssemos nos curtido mutuamente, sem criar especulações sobre orientação sexual ou sobre o que é certo e o que é errado.

Fui tocada, beijada, chupada. Mais uma vez não rolou a dupla penetração, mas não senti falta. É tudo tão frenético e tão maravilhoso que não dá nem tempo de pensar em posições. As coisas vão se encaixando, e enquanto um deles beijava minha boca o outro chupava minha boceta. Depois, um me penetrava ao mesmo tempo em que eu batia punheta para o amigo.

Transamos até de manhã. Fiquei cansadíssima, completamente exausta, mas muito satisfeita. Se me perguntarem se foi melhor que a primeira vez (números 9 e 10), eu não saberia responder. Com certeza senti mais tesão anteriormente; poderia ser o ineditismo de tudo. Agora, eu já sabia mais ou menos o que fazer, como agir... e fiquei mais segura.

Uma coisa é certa: viciei em ter dois homens. Antes não tinha nenhuma vontade de fazer sexo a três. A partir da minha primeira experiência, parecia que era assim que tinha que ser. Sempre. Ainda bem que achei o parceiro ideal para isso...

Número 23:
Nunca vai ficar bom

Quando conheci Felipe, há vários anos, fui imediatamente seduzida pelo seu jeito expansivo e simpático. Falante e articulado, ele contava mil histórias interessantíssimas. No nosso primeiro encontro, almoçamos durante umas quatro horas. Todas as vezes em que conversávamos era como se o tempo parasse. Eu me divertia horrores.

Fiquei encantada. E, como isso foi em outra vida, pirei. Virei a doida que manda mensagem, liga, fala que nunca mais quer saber dele, desliga o telefone na cara. Tudo sem sequer beijar na boca! Idealizei e me "apaixonei". Não segurei a onda e me afastei.

Até nos reencontrarmos alguns meses depois. Finalmente fomos para a cama, e foi ruim, sem graça. No começo parecia engrenar; o jeito com que ele me tocava dava uma espécie de descarga elétrica no meu corpo. Nós dois, no escuro, tirando as roupas lentamente. Ganhei beijos na nuca e me derreti toda. Depois, completamente entregue, passamos a uma transa burocrática e tediosa.

Toda aquela magia que existia quando ele falava simplesmente sumiu. Um tempo depois, tentamos de novo. Fomos a um motel e, mais uma vez, não valeu a pena. Disse pra ele, então, que adoraria continuar amiga, mas sem sexo. Ele reclamou. Ficou sem falar comigo um tempo, mas depois cedeu. Ele acreditava piamente que eu estava fazendo doce e não queria admitir que o sexo entre nós era bom, sim. Não consigo entender de onde ele tirou tal ideia. Será que não passa pela cabeça de certas pessoas que elas não são tão boas no sexo quanto imaginam?

Quebrei minha própria promessa e, depois de um jantar gostoso, eu dei mais uma vez. Não tenho nenhuma vergonha na cara.

Isso havia acontecido há dois anos. O mundo gira e volta pro mesmo lugar, e nos esbarramos virtualmente nas redes sociais. Daí para o encontro foi um pulo – ou uma longa estrada e 450 quilômetros de asfalto entre o Rio de Janeiro e São Paulo.

Nós dois já sabíamos o que aconteceria naquela noite em que cheguei de mala e cuia à casa dele antes de voltar para São Paulo. Conversamos animadamente sobre um monte de coisas, colocando o papo em dia. Lembro de confessar quão sedutor ele era com aquelas histórias de pescador. Eu me deixei levar, claro. Era para isso que eu tinha ido visitá-lo, nada além disso. Era fácil, temos intimidade...

Por isso mesmo me deixei beijar facilmente encostada na pia da cozinha. Foi gostoso, mas parecia um roteiro de filme já conhecido: no quarto, o clima esfriou. Nada mudou nesses dois anos. Ambos ficamos mais velhos; eu engordei e ele perdeu alguns fios de cabelo. Mas no sexo... tudo igual. Consigo rememorar com clareza quando ele estava por cima de mim, naquela posição em que você fica com as pernas para cima. No meu cérebro passavam todas as minhas obrigações do dia seguinte, o início de um novo texto, a preocupação com a hora de acordar. Tudo, menos tesão. É simplesmente chato, como se toda a atração que sinto por ele enquanto conversamos desaparecesse ao ficarmos pelados.

Dormimos.

Quando acordei, ele não estava mais ao meu lado. Pulei da cama num susto – achei que tinha perdido a hora de pegar o ônibus de volta para São Paulo. Eu o encontrei dormindo no outro quarto.

"Você estava roncando muito alto", ele disse.

É, *glamour* nenhum. Eu ri. Tomamos banho e nos arrumamos juntos. Somos íntimos, afinal, apesar de o sexo não funcionar entre nós. O carinho é mútuo. Ele me colocou dentro de um táxi, me beijou carinhosamente e passamos mais alguns meses sem nos falar depois disso.

Minha relação com Felipe é engraçada. Foi de paixonite descontrolada da minha parte (e com muita besteira sendo dita por mim) a uma amizade divertida, com eventos sexuais aqui e ali. Ele sempre fica mais feliz com isso do que eu; prova de que nem sempre a coisa flui igual para todas as partes envolvidas. Não é uma delícia, mas é bom ter para onde (e quem) voltar.

Número 24:
Mi amor

    Sentei na poltrona da recepção do hotel e, com a demora do táxi, puxei o meu *Pergunte ao pó*, de John Fante. Tranquila, jamais imaginaria a mudança que minha vida teria em alguns minutos.
    O táxi chegou, guardei meu livro, entrei no carro, indiquei a direção. Nem olhei para o rosto do taxista. Tivemos dificuldade de comunicação: eu não falo espanhol e ele não fala inglês. Precisei, então, prestar mais atenção no rosto dele, para entender mímicas e eventuais esforços de falar mais devagar.
    Reparei como ele era jovem e tinha olhos castanhos muito claros, ainda mais luminosos num dia de céu azul invernal. Fiquei espantosamente atordoada. Senti o calor subindo desde a lombar até a nuca, mas me repreendi por estar sentindo isso por um desconhecido, num país estrangeiro, e ainda um cara que nem sequer entendia o que eu dizia. Logo eu, que sempre me atraio por homens inteligentes, cultos, viajados. Eu estava desejando um taxista que jamais havia saído do próprio país. Com um olhar ele derrubou toda essa minha arrogância nojenta.
    Ele arriscou fazer algumas perguntas. Quis saber se eu tinha namorado, filho. Respondi que não e que nem pretendia. "Como assim?", questionou. Aparentemente esse teria que ser meu destino. Expliquei num portunhol horrendo que eu não tinha interesse em

casamento ou maternidade. Ele ficou alguns minutos calado e de repente soltou um "Você é uma mulher livre!".

Apesar do estranhamento, ele conseguiu me entender de um jeito que poucas pessoas, mesmo as que me conhecem há séculos, conseguiriam fazer igual. E com essa frase ele derrubou todo o resto da minha rigidez.

Eu não era tão livre, porém. Quando ele me chamou pra sair, eu fingi não entender. Coloquei a culpa na barreira da língua e me fiz de tonta. Não a ponto de não pegar o cartão dele com o celular, claro.

Foi patético quando eu resolvi ligar e aceitar o convite. Eu não tinha a menor ideia do que falar. Além de estar nervosa feito uma garota de 15 anos, me expressar numa língua diferente era um empecilho e tanto. *Google Tradutor* aberto na minha frente, liguei. Eu me tremia como se nunca tivesse feito aquilo antes. A paixonite me pegara de jeito.

Quando nos encontramos, ele me cobriu de elogios, mas com uma timidez irresistível. Ou será que eu ia achar qualquer coisa difícil de resistir, mesmo? Eu já estava totalmente nas enormes mãos dele.

Circulamos um tempo pela cidade. Aos poucos, ele foi se soltando. Enquanto me fazia mil perguntas para onde devíamos ir, pegou na minha mão. "Já era, perdi", pensei. Respondi num espanhol muito mal ajambrado: "Você decide".

Ele decidiu. No caminho para um barzinho, parou o carro. Sei que isso é muito, muito brega em português, mas em espanhol fez meus pelos todos se arrepiarem – ele perguntou se podia sentir o sabor dos meus lábios.

Lógico, né? **Lógico**. Eu estava completamente rendida.

Beijamos. Beijamos muito. Ele era suuuuuper afoito e já foi colocando a minha mão entre as pernas dele. Quando comecei a desabotoar a calça *jeans*, ele disse que era "chiquitito". Isso eu entendi! Mas era mentira...

"Quero fazer amor com você", ele disse, ofegante. Mais uma breguice, mais um arrepio. Não havia nada a ser dito além de um "eu também". Confissões feitas, fomos para um motel.

Eu ria muito quando chegamos lá. Eu gargalhava por ver quão surreal a situação era. Era tudo muito parecido com os motéis do Brasil: a garagem individual, a escadinha, o espelho no teto. Quando tirei a roupa dele, os tais arrepios e calores tomaram conta de mim para sempre (eles voltam cada vez que relembro). Ele é uma delícia; corpo gostoso, pau duro, bunda bonita. E não precisa de muito tempo de "recuperação". Ele balbuciava coisas em espanhol, e eu em português. No calor do momento, eu não entendia quase nada, mas o "Viva Brasil" depois do gozo eu compreendi direitinho.

Ele me deixou no hotel e pediu para nos vermos de novo. Eu viajaria dali a dois dias e não queria prolongar a coisa. Eu estava mesmo com uma paixonite aguda. Na véspera da viagem, liguei para dizer que havia adorado o encontro e que ia voltar para casa no dia seguinte. "A que horas vou te buscar para levar ao aeroporto?", ele perguntou. Respondi que não precisava. Sem hesitação, ele respondeu: "Não precisa ou não quer?". Eu não precisava, mas queria.

Eu, no auge da minha insegurança, perguntei o motivo pelo qual ele queria ir me buscar. "Quero te ver de novo e te dar um *besito*." Mesmo assim, não me convenci. Certas histórias são boas exatamente o tempo que elas duraram. Aquela coisa de "amor de verão não sobe a serra". Aconteceu ali, não ia se prolongar mesmo. Me deixa com meus devaneios e lembranças. Meses mais tarde liguei pra ele de novo. Ele se lembrava de mim; perguntou como estavam as coisas e quando eu voltaria pra lá. Quem sabe?

Número 25: Um convidado quase estraga a festa

Costumo dizer que pizza e sorvete, mesmo quando ruins, são bons (ê cabeça de gorda...). Comecei a colocar o *ménage* aí nessa lista, até conhecer o número 25. Ele conseguiu mudar minha ideia a respeito.

Fernando é amigo de Eduardo (o número 21) e eu não o conhecia até o dia em que transamos; Eduardo, é claro, estava conosco. Fiquei positivamente surpresa quando o conheci. Apesar de não ser o meu tipo de homem, não há como negar sua beleza. Alto, moreno, nem magro nem gordo, charmosão. Como eu já sabia quão delícia Edu é, pensei que a noite ia ser incrível. Ledo engano.

A coisa já começou errada. Fernando é daqueles que acham que a língua tem que ficar dura na hora do beijo. Você fica tentando encaixar sua boca ali, mas o cara mantém a língua lá, interrompendo a passagem, como se estivesse superdivertido. Não tá, amigão, não tá.

Aí aconteceu o mesmo dos *ménages* anteriores: pau "meia bomba". Fernando teve dificuldade em ficar com o pau ereto. Mas, já que estávamos ali, vamos à obra.

E que obra! Fernando achou que seu corpo era uma britadeira, só pode. Lembro de quando fiquei de quatro na beira da cama e ele me penetrando sempre no mesmo ritmo, bem rapidinho, feito um cachorro. Comecei a ficar entediada (e ficar entediada num *ménage* é coisa séria!). Permanecemos tanto tempo naquela posição – e ele sem gozar – que meu joelho começou a arder! Fiquei irritadiça. Em qualquer posição eu achava ruim. Era mecânico, repetitivo, como se tudo o que ele quisesse fosse gozar e sair fora. Ou será que ele acha que sexo é assim mesmo? Muito homem acha...

Ele raspava os pelos do peito e eles estavam crescendo, então o contato da minha pele com a dele me pinicava. Até isso me incomodava. Não senti tesão, não me diverti, não foi legal. Mesmo. A falta de química entre nós dois ficou óbvia e ele foi embora. Ainda bem! Eduardo, então, era só meu. Ele havia ficado meio distante de tudo porque Fernando é "amigão", então ele queria ver o carinha aproveitando. Mas depois que o convidado partiu é que a festa começou.

Com Eduardo não tem tempo ruim. Pau sempre duro, beijo delícia. O nível de safadeza quando estamos juntos é surreal. Como no primeiro *ménage* que fiz com ele eu estava de espartilho, ele pediu que eu vestisse de novo a *lingerie*. "Nem deu tempo de te admirar na outra noite", justificou. Fiz bico, um certo charme, mas curti a sugestão.

Enquanto ia colocando cada peça, o pau dele ia ficando duro. De vez em quando dava aquela balançadinha linda! Vestia uma meia, o pau dava uma balançadinha. No final, ele estava do jeito que amo. Eduardo me cobriu de elogios e resolveu tirar umas fotos com o celular. Não deixei. Ou melhor, deixei, mas com a minha câmera. (Deixar o cara de posse de fotos eróticas pode ser bastante problemático. Por mais que se confie, é preciso garantir que elas não serão expostas.)

Demorei um tempo para relaxar. Ser fotografada não é a minha. Nem pra fotos 3x4, imagine de sexo! Mas ele estava se divertindo tanto que eu acabei entrando no clima. E como ele adora uma bunda, lá fiquei de novo de quatro, mas dessa vez meus joelhos nem arderam; o tesão me fez esquecer tudo. Eduardo não conseguiu mais segurar a câmera e recomeçamos a transar ali mesmo, ainda de espartilho.

No final da noite, fiquei com as minhas fotos bem guardadinhas e com uma certeza que eu já tinha antes. Transar a três (ou mais, não sei) é bom demais, sim, e recomendo pra quem tem vontade. Mas se um dos parceiros for ruim, não tem jeito. E, se ele (ou ela) for realmente bom e cuidar para que você tenha prazer, você nem vai se importar tanto por não ter mais alguém ali.

Número 26:
Eu, por ele

Com o João decidi fazer algo diferente: como ele era leitor do *blog* e jornalista, pedi que escrevesse sobre nosso encontro. Só falei disso depois, lógico. E ele escreveu. Engraçado notar como a mesma dúzia de horas pode ser vivida de jeitos totalmente diferentes pelas pessoas.

Pra ele, foi assim:

> Não me lembro de como e quando tomei conhecimento do *blog*, mas passei a acompanhar assim que li o primeiro *post*. Encontrei a oportunidade perfeita para entrar em contato quando ela lançou uma pergunta no Twitter sobre carícias na região anal. Acabei enviando um depoimento por *e-mail* e iniciamos uma conversa. Eu sempre tentava marcar algo, mas tinha a impressão de que ela se esquivava. Não sou o rei do xaveco também, e talvez não tenha descoberto o melhor *approach*.
>
> Até que um dia, uns três meses depois do primeiro contato, eu decido puxar assunto. Sinceramente, não sei o que me moveu para iniciar uma conversa naquele dia, naquela hora. Conversa vai, conversa vem... ela me passa o endereço dela e lá vou eu atravessar a cidade pra conhecer essa mulher misteriosa.
>
> Durante nossas conversas a Letícia insiste bastante em dizer que eu a idealizava, que a aparência dela poderia não ser bem o que eu esperava. É o tipo da insegurança que aflige praticamente todas as mulheres do mundo.

(Aliás, eu diria que a aparência é o mais fraco dos argumentos para se conquistar um homem. Sim, existe aquele velho clichê de que o homem é visual, mas existe outro clichê que diz que a beleza é subjetiva. Além do mais, há uma série de fatores que levam os homens a querer sair, transar, casar com uma mulher.

Conversamos muito e encontramos uma série de coincidências; por exemplo: estudamos na mesma faculdade (eu me formei há bem mais tempo). A conversa acabou tomando o rumo que esperávamos (ou pelo menos eu esperava), e depois de um café e muitos beijos (e uns amassos dentro do carro), decidimos ir a um motel. Às cinco da manhã de uma segunda-feira, vale mencionar.

Chegando à suíte, continuamos o que havíamos começado no carro, mas eu não estava mais tão empolgado quanto antes. Ou seja, brochei. E brochei feio! Em parte por causa de algumas preocupações, em parte porque de uns tempos para cá eu não consigo me sentir totalmente à vontade quando transo com uma mulher pela primeira vez – e aí a brochada é inevitável.

Mas ela insistiu. O grande problema da insistência, quando ela acontece nesses momentos, é que eu começo a ficar inseguro por achar que se eu brochar a parceira vai achar que o problema é com ela. E aí eu fico naquela de tentar focar, de pensar que eu não posso brochar... e é claro que a coisa não funciona – literalmente! Isso, aliado a alguns comentários babacas que eu tinha feito antes de irmos ao motel, deixou a Letícia visivelmente desapontada. E eu me senti muito mal por isso.

Dormimos por algumas horas. Eu tinha que estar no trabalho antes do meio-dia, mas ainda deu tempo para fazermos mais uma ou duas tentativas. Dizem que a intimidade é uma merda; nesse caso ela até foi benéfica, pois se eu não tivesse compartilhado minha experiência com carícias na região anal a Letícia não tentaria fazer o que fez: o famoso fio-terra. Mas ela começou de mansinho, de início fazendo apenas um carinhosinho... até que eu senti algo diferente e percebi o que estava acontecendo. A sensação foi boa, diferente de tudo o que eu havia experimentado. E como o desconhecido também excita, acabei gozando. Muito!

Ainda teve um momento muito bacana em que estávamos na posição "papai e mamãe" e eu olhava pro rostinho dela... vi uma luz naquele rosto que me encheu de nem sei o quê. Mas aí eu já estava muito atrasado para ir para o trabalho e tivemos que parar.

Ter conhecido a Letícia (e ter sido o número 26) me fez aprender uma série de coisas: a primeira e mais importante (e, na verdade, é algo que eu ainda não aprendi mas preciso) é que qualquer coisa que você diz a uma mulher vai ficar marcada e vai ser lembrada em momento oportuno. A segunda é que certos tabus e "melindres" fazem com que nos privemos de experiências muito positivas (sim, estou falando do fio-terra). Aprendi, ainda, que se você está preocupado com algo talvez seja melhor pensar duas vezes antes de querer transar; por outro lado, vale lembrar que brochar não é o fim do mundo, e o homem só precisa ficar encanado se isso se repetir com frequência – ok, nesse caso eu aprendi que preciso ir ao médico...

Além disso, depois de conhecer a Letícia sinto que eu me tornei uma pessoa diferente; não sei explicar exatamente o que mudou em mim, mas depois que eu a deixei em casa, enquanto estava a caminho do escritório, fiquei relembrando com um carinho especial os momentos que tivemos...

João é um fofo. Pelo que ele escreveu, ter perdido a ereção foi pior que um crime. Eu nem lembrava que tinha acontecido; como nos tocamos muito, estava tudo superdivertido e gostoso. Eu não "fiquei tentando" deixá-lo de pau duro – eu só não parei o que estava fazendo. A intenção não era excitá-lo para que a penetração acontecesse, mas sim porque é muito legal deixar o outro feliz!

A bobagem dita por ele bem antes de irmos para a cama foi que ele curte uma mulher magrinha. Bacana, cada um com suas preferências, mas se você usa como referências de beleza só pessoas com metade do peso da mulher com quem você quer transar naquela noite, é deselegante. Seria mal-educado mesmo se ele não tivesse nenhum interesse em mim. Como ele tinha, se torna meio estúpido esse tipo de comentário.

E quanto ao fio-terra, bom... Grande tabu entre os heterossexuais. Muito comum acharem que se o homem gostar de carícias por ali é porque tem tendências bi ou homossexuais. Bobagem pura: a zona é erógena e muitos sentem intenso prazer com fio-terra, beijo grego ou inversão. Pena que poucos têm coragem de experimentar.

Número 27:
A maior paixão (quase) platônica

Conheci Pedro há mais de uma década. Éramos muito jovens e eu, pelo menos, era muito, muito boba. Tinha acabado de terminar um relacionamento nada bacana e fiquei amiga de uma galerinha de fora da faculdade. Ele fazia parte desse grupo.

Desde o primeiro dia em que o vi meu coração se atrapalhou todo. Se tal coisa existisse, eu diria que meu coração bateu fora de compasso. Taquicárdico. Pedro era lindo; se encaixou em todos os meus sonhos idiotas de amor romântico. Idealização completa. Escrevia bem, gostava de cachorros e tinha os ombros mais largos da Zona Sul do Rio de Janeiro.

E sardas.

Desculpe, mundo, mas sardas entram na categoria "não posso resistir sem fazer um grande mal à minha saúde".

Porém, eu era uma tonta. Como o coloquei num pedestal, juraria que ele jamais olharia pra mim. Precisando me manter no controle da situação, comecei a agredi-lo. Falava mal. Na cara. Era grosseira, deselegante. Comportamento babaca e desnecessário. Reclamava até do perfume dele. Dizia "seus amigos são mais legais que você".

Enquanto isso, por dentro, eu queria que ele me pedisse em casamento e que fôssemos morar numa casinha cheia de labradores e filhos sardentinhos. Ok, essa parte é mentira. Mas o desejo sexual existia. A admiração era profunda. Compartilhava das ideias, amava o jeito ranzinza, ria das piadas. Uma típica paixão platônica.

Pedro se encheu das minhas agressões, como era de esperar. Minha intenção era exatamente essa: afastá-lo. Assim, eu "não corria riscos". Quão ingênua (e arrogante) eu poderia ser ao imaginar que teria algum controle sobre os eventos futuros?

Porque os anos passaram. Anos. Novas redes sociais surgiam. Fotolog, Orkut, Facebook. A cada novidade, eu me deparava com o avatar dele. O coração se atrapalhava como se fosse a primeira vez. Adicionava. Entabulávamos uma conversa. E, pra não variar, eu recomeçava com as agressões.

Ele desistia. Claro que tivemos nossos momentos em que a bandeira branca esteve levantada. Conversamos, compartilhamos muitas coisas. Ele me ajudou quando precisei. Era um carinho mútuo, mas eu não conseguia deixá-lo chegar perto demais – sempre estaria "faltando" algo.

Numa dessas tréguas, não sei como começamos a falar sobre sexo. Ele sempre soube que eu curtia o assunto. Então, não consigo precisar o que mudou naquele dia. De repente, estávamos flertando. Morando em cidades diferentes, começou a rolar da minha parte uma antecipação louca. "Como assim ele está me dando mole?", eu pensava, incrédula. Meu caminhão transbordou de tanta areia.

Ficamos meses falando sacanagem. Um dia ele confessou que achava meus seios bonitos. Eu só conseguia pensar: "Mas quando foi que ele reparou? Eu sou invisível!". Nem por um segundo havia passado pela minha cabeça que ele teria olhado pra mim naqueles dez anos com algum desejo.

Depois de uma década de paixonite, estava na hora de tirar o "platônica" da nossa relação. Fui pro Rio aproveitar uns dias de praia e rever amigos. Pedro quis me ver no mesmo dia em que cheguei.

Eu ainda achava que a qualquer momento ia aparecer um desses apresentadores de televisão dizendo que tudo não passava de uma pegadinha. Sei lá. De repente o Ashton Kutcher ou o Silvio Santos iam pular na minha frente e fazer piada com as minhas expectativas. Câmeras mostrariam minha patetice. Não podia ser de verdade. Não podia.

Era.

Combinamos de nos encontrar no sábado à noite na casa dele. Eu estava muito diferente. Mais gorda, obviamente mais velha. Até a cor do cabelo era outra. A insegurança tomava conta de mim. Quando cheguei lá, ele continuava lindo. O mesmo cabelo de mauricinho, os ombros que me tiravam o sono. Dessa vez, porém, algo havia mudado dentro de mim. Vi quanto tempo perdi agredindo por simplesmente não saber o que fazer e deixei que ele me abraçasse com um sorriso.

Ficamos vendo sei lá o quê na televisão e depois descemos para alugar um filme na locadora (quem ainda faz isso? A gente!). Eu caminhava tentando não parecer ridícula com aquele salto que insiste em se encaixar exatamente nos buraquinhos da calçada de pedras portuguesas. Do lado daquele homem enorme. Ele era real. Ao alcance da mão.

Evidente que o filme ficou de lado. Quando, depois de horas (e, pra mim, anos), nós começamos a nos pegar, era como se meu corpo flutuasse. Vê-lo tirar a camisa foi praticamente uma experiência de quase morte. A pele muito branca, os ombros sardentos, a barriga sequinha. Muito, muito melhor que aos 20 anos.

Até porque agora eu podia pegar, não só imaginar. Estávamos na sala quando Pedro mostrou o pau duro. Lindíssimo. Ele, sentado no sofá, e eu de joelhos na frente dele, chupando-o. Fomos para o quarto e de quase mais nada me lembro.

Eu estava nervosíssima. Pedro sempre fez esportes e eu, bom, estava bem fora de forma. Normalmente não ligo nada pra isso. Transo de luz acesa, ando pelada pela casa, fico em qualquer posição. Porém, como eu o coloquei na categoria de semideus, eu achava que ele ia reparar na minha barriga, nas minhas celulites. Eu não consegui relaxar.

Parecia que tinha uma lente de aumento no meu corpo inteiro e que ele iria analisar cada milímetro da minha pele. Minha cabeça me sabotava, pois Pedro estava se divertindo bastante. Eu estava tão nervosa que nem me dei conta disso; achava que estava sendo descoordenada, fazendo tudo errado.

Ah, a insegurança.

Só passou meses depois, quando conversamos de novo pela internet. Eu, já de volta a São Paulo, e ele lá no Rio. Elogiou alguns atributos físicos meus e relembrou feliz de ter gozado com boquete. Eu simplesmente não lembro. Fiquei muito travada.

Outras pessoas entraram nas nossas vidas e a distância de 450 quilômetros entre nós ainda existe. Mas já combinamos: da próxima vez que eu atravessar a Dutra, ele mais uma vez sairá dos meus sonhos e virá para os meus braços.

Número 28: Propaganda enganosa

Escolhemos ir à *happy hour* de um restaurante de que gostamos. Naquele horário, você pode pedir alguns pratos diferentes e paga uma bebida e ganha outra. Chegamos e nos sentamos imediatamente. Eis que acontece um problema qualquer na máquina emissora dos pedidos no bar, e o chope do moço não chegava nunca. Com razão, ele reclamou uma, duas, três vezes. A bebida demorou vinte minutos para chegar à mesa. Nesse meio-tempo, o garoto esbravejava que não iria pagar os 10% de serviço. Nem sequer tínhamos outro assunto, porque a cada momento ele se lembrava do atendimento deficiente e de que não poderia beber todos os chopes do mundo. Enquanto isso, eu só pensava em como alguém pode querer estragar uma noite com reclamações. É chato ser mal atendido? Sim, é. Mas se você não tem sequer intimidade com a pessoa que te acompanha e pretende comê-la no fim da noite, eu sugiro segurar a onda. A fila do restaurante está enorme, a comida está salgada ou a música está ruim? O outro está vendo a mesma coisa e já está suficientemente chateado com isso; você não precisa lembrá-lo da situação a cada dois segundos.

Pedi a ele que parasse de ser um chato, mas ele continuou. Argumentei, então, que os 10% eram repassados a todos os funcionários, e não só àquele que nos atendeu; além disso, nós já havíamos ido ao mesmo restaurante outras vezes e nunca tivemos de esperar tanto tempo por uma bebida. Era uma situação isolada, afinal.

Ele pareceu entender e, apesar de o clima ter ficado estranho, conseguimos jantar e conversar sobre outras coisas. Até chegar o momento tenso: pagar a conta. "Se ela quiser pagar os 10%, ela paga", ele disse ao garçom. Quão surreal foi a situação? Ele pagou a conta inteira do consumo, mas me fez pagar pelo serviço!

Depois disso tudo, o clima não estava lá muito excitante. Ainda assim, por haver um interesse mútuo anterior ao desastroso jantar, fomos ao motel.

A noite foi, no mínimo, esquisita. Acho que ele também não estava super a fim de me comer, então a coisa funcionou de maneira meio robótica das duas partes. Dormimos grande parte do tempo. Fica aqui um elogio, porém: quando mencionei minha vontade de fazer sexo anal, ele fez tudo direitinho. Foi delicado, mas firme, e deixou que eu tomasse conta da coisa. Acabou não dando certo porque doeu muito e eu preferi parar, mas ele sabia o que estava fazendo. Palmas pra ele.

Uma coisa difícil de entender, contudo, foi que ele se dizia um grande apreciador de sexo oral, mas quando foi fazer em mim ficou massageando com a língua uma região meio longe do clitóris. Pedi que parasse e ele não fez questão de continuar. No outro dia, perguntei por que não tinha insistido, já que era tão fã da coisa. "Não gostei dos pelos nem do cheiro", ele disse.

Tirando qualquer comentário sobre o tamanho dos pelos dele (Eram enormes! Dava pra fazer uma trança. Daquelas que começam embutidas, ainda!), fica a informação de que eu havia me depilado exatos nove dias antes e não sou a mulher mais peluda do mundo. Realmente não havia nada que eu pudesse fazer a esse respeito. Não iria passar pelo sofrimento de passar cera quente tão pouco tempo depois só para agradar. Quanto ao cheiro, fiquei paranoica. Eu havia tomado banho antes de sairmos e nem sequer tinha ido ao banheiro, então achei estranho. E fiquei com um certo medo, claro, porque mau cheiro quer dizer algum fungo, bactéria ou coisa do tipo. Sem contar o constrangimento!

Fui ao médico duas vezes depois disso. Na primeira, para ver o que era o tal cheiro, e depois na consulta regular, em que checo meus hormônios. Em ambas, o diagnóstico foi o mesmo: nada de errado.

Acho que a questão não eram os pelos nem o odor. Afinal, boceta não tem cheiro de pétalas de rosas! Assim como o gosto de esperma não é nada parecido com, sei lá, chocolate belga. Se você não curte essas coisas, me desculpe, mas você não gosta de sexo.

Número 29:
Do virtual pro real

Durante o ano eu recebi toda sorte de proposta sexual esdrúxula. Alguns desavisados achavam que, como eu era "fácil", eles poderiam simplesmente estalar os dedos e eu correria atrás deles. Ignoram que "transar com quem eu quiser" é bem diferente de "transar com todo mundo", em especial quando esse "todo mundo" são caras que mandam fotos de pau duro. Sem mais nada escrito. Teve um que chegou ao ponto de enviar fotos em que a cicatriz da vasectomia aparecia. Se dependesse desses sem noção, eu teria transado com centenas de milhares de homens em um ano. E provavelmente seria mal comida.

No meio disso tudo, porém, conheci muita gente bacana. Fiz grandes amigos. E paquerei, também. Algumas histórias viraram *one night stands*. Outras, nunca se tornaram reais – ficaram só no campo das ideias. Distância geográfica e *timing* errado. Em poucas houve maior envolvimento. Foi o que aconteceu com o Luciano.

Ele me enviou um e-mail tirando algumas dúvidas e começamos a conversar. Miraculosamente eu me mantive séria, sem flertar. Estava só respondendo a um leitor mineiro cujo nome eu nem sabia se era real.

Trocamos muitas mensagens e ele era assíduo na caixa de comentários do *blog*, ainda que muito discreto. Jamais imaginei que passaríamos disso; ele chegou até a se engraçar com outra leitora. Até eu falar, brincando, pra ele vir me visitar em São Paulo. Ele aceitou. Fiquei surpresa e receosa. E se fosse horrível? Fazer o cara se despencar lá de Minas, gastar uma grana, e chegar aqui e ser frustrante? Tenho relacionamentos virtuais desde a década de 1990 e já passei por isso. De desejar, esperar, planejar... e ser uma droga. Para um dos dois ou para ambos – o que é sempre menos pior. Assim não rola o sentimento de culpa por rejeitar alguém que você curte. Já aconteceu antes, podia acontecer de novo.

Mas, como ele mesmo disse num e-mail, citando o Riobaldo de *Grande Sertão: Veredas*: "Viver é perigoso, seu moço!". Certos temores não servem pra nada; fomos em frente.

Chovia muito e fazia frio no sábado em que ele chegou a São Paulo. Eu continuava apreensiva, com receio de que não tivéssemos assunto ou de que nos sentíssemos desconfortáveis um com o outro. No momento em que nos encontramos, porém, esses medos desapareceram. Ele deu um sorriso aberto e generoso, acompanhado de um longo abraço.

A gente sabe que a coisa deu certo quando ninguém ali sequer lembra que o primeiro contato foi virtual. Tenho grandes amigos que conheci assim, pelo antigo mIRC, pelo ICQ, pelo Twitter. As redes vão mudando, mais gente vai se aprochegando e as distâncias, encurtando.

Foi exatamente assim que me senti com Luciano. Não lembrei nem por um segundo a forma como nos conhecemos. Com a friaca e a tempestade, nós mal saímos do hotel. Claro que havia coisa bem boa para se fazer no quarto – e aproveitamos bastante essa parte.

Luciano tinha lá suas inseguranças também. Na opinião popular eu era a "safada que dá muito" e, graças ao machismo, ele "teria" que me satisfazer. Porém, Luciano não tinha uma superexperiência sexual (se isso pudesse ser medido apenas pelo número de parceiros, como eu já disse), além de estar havia algum tempo sem sair com nenhuma garota.

Ele ficou nervoso quando as coisas começaram a acontecer – e provavelmente passou o resto do fim de semana se perguntando se tinha feito tudo certo. Foi ótimo. Tranquilo, calmo, carinhoso. Ele se preocupou com o meu prazer; me tocou, me chupou, me acariciou. Como muitos homens "pegadores" nunca se importaram em fazer. Eles se preocupam tanto com *performance*, com a rigidez do pau, e esquecem que não estão ali sozinhos. Luciano, não. Lembrou o tempo todo da mulher que estava ao lado dele.

Ficamos juntos de sábado até segunda-feira de manhã. Não foi uma maratona sexual. Curto muito, aliás, só não combinava com o momento. A gente se curtiu, namorou, conversou. Ele voltou para Minas Gerais e somos amigos até hoje. De vez em quando falamos em nos reencontrar, mas ainda não aconteceu. Tenho certeza de que será um grande prazer. Quantas vezes forem.

Número 30:
A primeira paixão do ano

Então aconteceu o que mais cedo ou mais tarde viria: eu me apaixonei. Sabia como o sentimento poderia mudar na velocidade da luz (sou dessas!), mas durante semanas meus pensamentos foram só dele. Eu demorei a admitir, mas ele já dominava minha mente havia algum tempo – só não era o único (sou dessas!).

Impossível precisar em qual momento me percebi irremediavelmente ligada a ele. Talvez tenha sido no primeiro encontro, quando ele descobriu meu ponto fraco: não sei receber elogios. Enquanto eu ruborizava, ele me olhava embasbacado, talvez encantado com o meu "jeito que combina safadeza e ingenuidade" (palavras dele).

Nos dias seguintes, meu desassossego era óbvio: "Você agora só fala no Gustavo!", disse-me uma amiga. Eu já estava perdida, afinal. Mas como continuei desejando outros homens (alguns, desejando MUITO) e nem havia transado com ele ainda, menosprezei o sentimento. Achei que fosse só aquela excitação da foda não dada, que fica povoando sua mente até ser concretizada.

Combinamos de nos encontrar num bar num fim de tarde. Tinha uns compromissos e pretendia passar na depilação antes de vê-lo. Como sempre, me atrasei toda. Fui até o salão de beleza e a cliente antes de mim, que só ia fazer um mero buço, resolveu fazer o corpo inteiro. Só pode, porque fiquei meia hora esperando e a mulher não saía de dentro da cabine. Fiquei pensando se era melhor chegar na hora e ir peluda, ou ir depilada e chegar muito atrasada. Escolhi ir peluda.

Just in case, estava de espartilho. Vai que... né?

Cheguei antes dele ao bar. Estava impaciente. As borboletas no meu estômago voavam enlouquecidamente, como se eu tivesse voltado 15 anos no tempo e fosse de novo adolescente. Era um sinal de quão envolvida eu estava.

Tive certeza disso quando o vi saindo do metrô e ajeitando o cabelo. Deu até um calorzinho. Quando ele se aproximou, me deu um desengonçado beijo no rosto. Não pareceu natural. Na minha cabeça, no nosso relacionamento não havia espaço para essas formalidades. Dá logo um beijo de língua, pô. Ele acabou dando, lógico, e a Terra voltou a girar na sua órbita.

Gustavo me deu o *Mulheres*, do Bukowski, de presente. Trocamos muitos beijos, abraços e carinhos. Foi lindo como sempre (ou quase sempre).

Meu tesão por ele só aumentava. Não só por causa das carícias, mas pela profunda admiração que eu tinha por ele. Ele é jornalista e tem um trabalho muito bacana – não confundir com emprego! – isso me chama a atenção.

Finalmente chegou a hora de ficarmos sozinhos. Chegando ao motel, pedi a ele que esperasse no quarto enquanto eu ia ao banheiro colocar a meia 7/8 (estava muito quente aquele dia, por isso eu não havia colocado antes). Ele começou a mexer em todos os botões de iluminação, som, ar-condicionado, televisão, tudo, feito criança com brinquedo novo.

Até ficarmos no escuro. Um breu completo. Eu berrava "porra, acende essa luz", e ele lá no "tec, tec, tec", tentando descobrir o que havia feito de errado. É muito, muito difícil prender a liga à meia, imagine sem enxergar. "Tec, tec, tec", e nada. Eis que eu vejo que era preciso colocar o chaveiro do quarto num negocinho grudado na parede para as luzes funcionarem, como nos hotéis. Eu estava com a chave, o interruptor estava perto de mim, mas é claaaro que eu estava colocando a culpa nele e em sua curiosidade de mexer nos botões. Luzes acesas, meias a postos, vamos à diversão.

E eu queria muito aquilo. Muito. Muito. Talvez só tenha sentido tanta vontade antes com o número 24. Eu estava muito feliz de estar ali com ele, de vê-lo sem roupa, de beijá-lo sem ninguém olhando. Lembro do momento em que Gustavo me colocou contra a parede e começou a passar as mãos pelo meu corpo. "É a primeira vez que você pega na minha bunda", disse. E eu estava adorando.

Adorei mais ainda quando ele ficou em cima de mim, com o rosto afogueado e o quadril procurando o melhor jeito de me fazer dele, só dele. E ele achou. De alguma forma, ele parece se transformar na cama. Gustavo tem um jeitinho meio *nerd*, meio desajeitado, mas na cama finalmente se solta. Já lhe disse que ele parece rejuvenescer uns dez anos. E ele fica lindo demais "dez anos mais novo".

Depois da "primeira", eu comecei a tocá-lo e beijá-lo (eu sempre quero mais). "Calma, preciso de um tempo", ele disse. O que os homens precisam entender é que não é necessário virar uma máquina sexual – e que sexo não envolve tão somente um pau duro. Há outros zilhões de coisas que você pode fazer nesse meio-tempo – não precisam ficar constrangidos com o período do intervalo. Basta aproveitar de outro jeito. Mas ele nem precisava se preocupar. Em poucos minutos, lá estava ele pronto pra outra.

E mais outra. Transamos em pé, numa posição em que ele parecia meio descoordenado, como se o vaivém tivesse de repente ficado fora de ritmo.

Depois de gozar três vezes, Gustavo quis fazer sexo oral em mim. Fiquei constrangida. Eu estava peluda e ainda me constrangia com isso. Não queria deixar ele fazer. Afinal, vi tanta frescura por aí que nem sabia mais o que é certo ou errado. Bom, na verdade eu sei. E ele fez o certo: dedicou-se carinhosa e intensivamente a me dar prazer (mais ainda).

Dias mais tarde falamos sobre a noite e minha relutância sobre o sexo oral. Ele escreveu:

"Se eu puder dar uma sugestão, exija mais dos homens na cama. Sei que você tem prazer em dar prazer, mas mesmo assim deveria exigir mais prazer para si mesma. Lembro que você me presenteou com aquele seu boquete feito com tanta classe, garganta profunda e olhos nos olhos, e depois não queria deixar que eu chupasse você? Nem pensar, gostosa. Exija ser chupada por todos os homens que estiverem com você, é seu direito. Eu me senti um pouco culpado por ter deixado o nosso placar de orgasmos em 3 a 1 para mim. Não é o que se espera de um cavalheiro. Gosto do lema do Pedro Juan Gutierrez: "É preciso dar três orgasmos para uma garota antes que você tenha o seu. Para isso existem a língua, os dedos, o pinto. O homem vem por último". É um bom lema para ser seguido, e acho que ele está certo. Aliás, conhece o Pedro Juan? Se você ainda não leu, está aí um cara que você precisa ler."

E eu complemento: talvez eu precise de mais caras que sigam essa filosofia.

Ainda o 30:
Todo carnaval tem um fim.
E as paixonites também

Tudo parecia lindo. Só parecia. Eu e Gustavo nos dávamos bem e conversávamos muito. No entanto, desde o início sabíamos que a nossa relação não iria durar: ele era comprometido. Jamais me escondeu isso (e nem conseguiria, pois conhecemos pessoas em comum). Quando começamos a ficar mais próximos eu nunca imaginei que teríamos alguma coisa, mesmo que fosse um mero flerte. Imagine se eu poderia vislumbrar os sentimentos no caminho.

Ok, não era amor. Era profunda admiração e bastante tesão. Em alguns dias, a combinação dos dois elementos me deu aquela sensação de paixonite aguda. E foi bom, bem bom.

Mas não foi fácil chegar até esse momento. Sofri crises existenciais por ele ser comprometido. Acabei resolvendo seguir adiante nessa história. Ele me mandava os e-mails mais incríveis que já recebi na vida. Discordava de muita coisa; o português corretíssimo e a narrativa fluida, todavia, me conquistavam cada vez mais. Era sempre uma alegria ver o nomezinho dele na minha caixa de entrada.

Ele me "leu" como poucas pessoas já o fizeram. E, junto dele, eu tinha aquela sensação curiosa de que só existíamos nós dois no mundo. Paixonite pura. Nunca fantasiei, porém. Ele tinha outra relação amorosa, e o meu sentimento nunca foi avassalador para eu me imaginar amarrada a ele. Vivia um dia de cada vez, como costumo fazer em relação a tudo.

Eu estava feliz com o que tínhamos. Trocávamos ideias sobre trabalho, sobre sexo, sobre o *blog*. Era divertido e inspirador. Até que numa noite, duas horas depois de ter falado comigo, ele me deu um pé na bunda. Em mensagem de quatro linhas, ele disse adeus (acho um puta drama do caralho escrever **adeus** no assunto do e-mail, mas tudo bem). É, num **e-mail**.

Lembro que na minha adolescência uma celebridade qualquer terminou o noivado com a outra por fax. Devo ter lido isso, sei lá, na *Capricho*, e fiquei indignada. Pelo menos no fax a pessoa tinha o trabalho de escrever algo, imprimir, colocar na máquina, discar (a conexão caía no meio e você tinha que discar de novo)... Agora ficou muito mais fácil descartar pessoas. Além do tão conhecido "sumiço" (utilizado por homens e mulheres desde tempos imemoriais), agora você pode mandar um e-mail de quatro linhas, um SMS ou simplesmente deletar dos contatos no Facebook – mudando o *status* para "solteiro", claro. Não é preciso ouvir a voz; aguentar a cara de choro do ex na sua frente; receber xingamentos e resmungos ali, cara a cara.

Basta um e-mail de quatro linhas para fazer todos aqueles sorrisos simplesmente sumirem.

Eu estava animadíssima ao chegar em casa. Quando vi aquele nomezinho na caixa de entrada, já com o "Adeus" no campo do assunto, eu soube o que viria pela frente. Fiquei muito, muito triste. Chorei, xinguei muito no Twitter, odiei ele um pouco.

Passou, é claro. Nunca foi um sentimento profundo. Acho tosca demais essa forma de terminar um relacionamento, mas coragem não é pra quem quer, é pra quem tem. Não lamento, também, o fato de não mais ir para a cama com ele – nós dois sabíamos que isso não tinha futuro, era uma coisa de momento mesmo. O que me doeu e eu achei que sentiria falta era da presença dele como amigo, como conselheiro, como fonte aparentemente inesgotável de ideias. Fiquei triste porque é sempre doloroso tirar alguém da sua vida, mesmo quando é você quem escolhe. Rolou uma mágoa.

Mas a vida seguiu. Depois de um tempo soube que ele havia enviado a mensagem bizarra porque a namorada havia descoberto tudo – e o obrigou a escrever aquele texto patético. Perdi o pouco de respeito que restava. Hoje falamos superficialmente, e nem parece que algum dia já suspirei por causa da maneira como ele ajeita o cabelo.

Não foi o primeiro nem o último cara a me dar um pé. Ingenuamente, na época achei que merecia que o próximo fosse mais delicado na hora de fazer isso. Mal sabia eu...

Número 31:
Da frustração à felicidade

Eu me arrumei toda. Maquiagem, vestido, salto alto. Fui encontrar um moço com quem eu flertava. Nós conversamos. E conversamos. E conversamos. E só! Eu fico numa boa se não acontecer nada. (Essa ideia de que o homem é *obrigado* a transar só porque a mulher quer é machista demais. Parece obrigação para eles, parece um favor por parte delas). O complicado é que, pelas conversas anteriores, a coisa ia acontecer – e meus pensamentos sobre sexo estavam fervilhando.

Com o encontro terminado muito, muito cedo (e sem nem um beijinho, poxa...), fiquei pensando o que poderia fazer para salvar a noite. Pode parecer estranho, mas tenho pouquíssimos telefones no meu celular. Tenho muita preguiça de salvar os números. Só que eu sei de cor há três anos o telefone de um cara.

Já havíamos transado algumas vezes no passado, sempre muito por acaso. Em todas elas, fui muito feliz. No entanto, nós sempre discordamos de tudo, tudo, tudo. Parece que só nos entendemos na cama. O bacana é que temos muito carinho um pelo outro. Quando o número 15 apareceu na minha vida, por exemplo, ele ficou extremamente irritado e me apoiou bastante.

Por mim seríamos *fuck buddies* (amigos que se encontram com fim sexual), mas nossos desentendimentos impedem isso. Estamos sempre lutando por poder. Mesmo assim mandei uma mensagem meio sem esperar resposta ou um "estou gripado", como ele já havia feito poucos dias antes. Para a minha agradável surpresa, ele respondeu positivamente. Lá fui eu vê-lo.

Quando cheguei ao apartamento, ele via Coritiba x São Paulo de cueca e camiseta (ai, a intimidade...). Conversamos, rimos, beijamos. É sempre muito natural; brinco com ele que jamais nos vimos sem transar. Ainda na sala, ele ficou de pé na minha frente, enquanto eu estava sentada no sofá. Enquanto eu o chupava, percebi a janela aberta – e cismei que um cara em outro apartamento estivesse de olho. Definitivamente não sou exibicionista, mas não me incomodo se olharem. Só morro de medo de uma dessas pessoas fazer um vídeo/foto e colocar na internet. Fora isso, quer olhar, amigo? Vá em frente, tô nem aí.

O que eu adoro em transar com o Rafael é que a coisa simplesmente flui. Ninguém apaga a luz, ninguém tem receio de dizer do que gosta, ninguém tem vergonha de falar coisas muito íntimas. Uma vez, por exemplo, ele dispensou o fio-terra porque estava, digamos, sensível. A minha relação com ele é uma prova de que não é necessário namorar, casar ou viver-feliz-para-sempre para ter intimidade com alguém.

Ficamos completamente nus ali mesmo na sala, e ele (*yes!*) fez um belíssimo sexo oral em mim. Ai, como eu adoro! Passamos para o quarto e me senti um pouco ridícula ao ver a caixa de antibiótico no criado-mudo (afinal, desconfiara da tal gripe fortíssima que o tinha feito declinar um convite alguns dias antes). Foi uma delícia, como sempre. Lembro perfeitamente do momento de um gol. Odeio TV ou som ligado durante a transa, pois não consigo deixar de prestar atenção.

Falei "gol". Ele respondeu "foda-se" e imediatamente beijou lindamente meu seio direito enquanto me comia. Achei fofo, pois eu mesma – fã de futebol – ficaria curiosa se fosse o meu time em campo. Coritiba e São Paulo lá, fazendo nove gols, e nós no quarto, fazendo alguns.

Ainda tiramos um cochilo gostoso. Ele com a cabeça na minha perna, eu com a cabeça nas pernas dele. Sexo gostoso, carinho e vitória do São Paulo. Não foi assim que programei aquele dia, mas fiquei feliz por terminar a minha noite com ele.

Números 32 e 33: Nasce um *voyeur*

Alexandre é um homão, daqueles grandões, fortes, ombros largos. Ele falava com toda a calma enquanto eu dava um escândalo porque meu carro fazia barulhos bizarros. Homão, daquele que abre o capô e já diagnostica o problema. Ok, ele errou, mas pelo menos sabia onde fica o radiador. E, ainda que eu seja uma mulher independente – e soubesse que podia a qualquer momento pegar o telefone e ligar pra seguradora – eu me senti bem em ter alguém me "protegendo". Pode até parecer roteiro de filme pornô, mas Alexandre não era um cara desconhecido que se ofereceu para consertar meu carro. Isso pode ser muito bacana para alguns na ficção, mas na vida real seria perigoso.

Eu tinha ido vê-lo. A gente já se conhecia. E, no caminho, meu carro começou a fazer toda sorte de barulhos. Fiquei de mau humor porque eu não consigo relaxar. Já imagino que "vai bater o motor" (sabe-se lá o que isso significa!), que vai dar perda total, que vou ficar largada a pé em um canto qualquer da cidade. Alexandre nem ligou pra minha cara ranzinza. Tranquilo, foi me acalmando. Quando eu estava mais relaxada e já no apartamento dele, me beijou sem pressa, com todo o cuidado de não esquecer nenhum pedaço do meu pescoço.

Ele me pegou pela mão e me levou para o quarto. Estávamos quase sem roupa. E ele de pau duro. Que espetáculo! Que espetáculo.

Eu me divertia naquele 1m95 de altura. Tudo maravilhoso: o beijo, as carícias, a penetração. Tudo.

Só que Alexandre sabia que eu gosto de ter mais de um homem na cama. Ele, então, deu a ideia de chamar um amigo. Eu ingenuamente achei que ele estivesse falando de um outro encontro, em um outro dia. "Você quer, né, safada?", perguntou. Eu disse "sim", ainda mais depois de falar safadeza na cama. Ele respondeu: "Então me espera".

Achei que fosse brincadeira. Incrédula, vi-o recolocando a roupa e falando que já voltava. Ele realmente saiu do apartamento. Fiquei meio sem saber o que fazer. Para tentar ficar acordada, levantei, tomei banho... mas não teve jeito. Peguei no sono. Acordei assustada com o barulho na porta e as luzes sendo acesas na sala. Por um milésimo de segundo, acreditei estar em casa e que havia um intruso qualquer.

Alexandre estava acompanhado de um amigo. Ambos entraram no quarto, as apresentações foram feitas. Ainda no escuro, comecei a sentir quatro mãos no meu corpo. Sério, não há sensação melhor que essa! Nunca transei com mais de dois homens, mas não sei se ter três (ou mais) seria tão legal.

O "convidado" tentava me beijar de um jeito esquisito. Ele parecia não usar a língua, mesmo em outras partes do meu corpo. Eu tentei animá-lo, mas o pau dele não ficava ereto. Não passava do que se costuma chamar de "meia bomba". Na verdade, ele ficou mais mole do que qualquer outra coisa.

Alexandre, ao perceber o que estava acontecendo, nos deixou sozinhos no quarto. Foi tomar banho, pegar uma cerveja na cozinha... Eu tentei. Chupei, masturbei, elogiei... e nada. Zero. Chegamos a ponto de ficar só deitados na cama conversando. Meu homão voltou e achou tudo muito estranho. "Você vai me desculpar, mas eu vou começar de novo", disse Alexandre. E eu fiquei muito feliz.

Transamos de novo. Delícia demais. E eis que o convidado fica de pau duro! Descobrimos qual era o lance dele, afinal: *voyeurismo*! Nem ele sabia – era a primeira vez que fazia um *ménage*. O que excita o moço é ver alguém transando na frente dele. Ele até tocava em mim de vez em quando, mas o que o empolgava era ficar de espectador. Enquanto eu e Alexandre transávamos, ele batia uma punheta (e gozava) ao lado da cama. Não sou nada exibicionista, mas quer olhar, olha. Nada contra. Ele já tinha visto tudo mesmo...

Com o Alexandre a coisa é *non stop*. O convidado, então, resolveu ir embora. Quando ele já estava todo vestido, nos viu transando de novo. E ficou endurecido mais uma vez. Esse definitivamente é um dos jeitos de ele ficar com tesão.

O *voyeur* se foi e eu e Alexandre continuamos a brincadeira até o amanhecer. Foi demais. Uma noite que começou péssima, com motor soltando fumaça, acabou sendo uma das mais legais do ano.

Número 34:
Encantamento

"Em que momento você quis me beijar?"

"Desde a hora em que você chegou", ele respondeu, muito tempo depois de me esperar por quarenta minutos (sou uma eterna atrasada).

Ele demorou a fazer isso. Na verdade, eu ainda acho que ele foi beijado, e não o contrário. Foi preciso uma entrada, prato principal, sobremesa – um almoço que terminou depois das oito da noite. Mal sabe que estava ali, na cara dele, a evidente vontade de continuar a noite. Eu só não achei que ela ia durar tanto.

Quando finalmente nos beijamos na calçada da rua com nome de flor na Vila Madalena, tudo pareceu muito natural. Foi um daqueles beijos quase intermináveis, em que você só lembra do mundo à sua volta vários minutos depois.

Mas não houve pressa. Já na casa dele, nossas roupas foram ficando pelo chão sem atropelos. De novo, tudo muito natural, mas com a delícia de ir descobrindo cada pedaço do corpo, cada ponto fraco.

E foi lindo. Durante quase toda a madrugada, intercalamos momentos de muita conversa e sexo gostoso. Mesmo durante as três horas em que dormimos, ele procurava o meu corpo debaixo das cobertas. Um doce. Despertador gritando às cinco e meia da manhã (sério, quem faz isso?) e nenhuma vontade de levantar da cama. Foram mais duas horas de muito namoro – ninguém ligou pra mau hálito ou cabelos desgrenhados. A gente só se preocupou com a gente sendo feliz.

E fomos. Naquela noite que começou às cinco da tarde e terminou às nove da manhã do dia seguinte, ficou claro algo muito discutido sobre sexo casual – um encontro fortuito não precisa ser, nem de longe, superficial ou sem carinho. Na cama, nus, nós nos conhecemos. Foi lá que ganhei massagem e beijos infinitos. E é pra lá que quero voltar.

O caminho de ladrilhos

E voltei. Uma, duas, incontáveis vezes. A cada uma delas, meu coração se enchia mais e mais de amor. Eu estava apaixonada. Ele, ao que parecia, também. Abrimos mão das nossas vidas de quase eremitas e começamos a compartilhar coisas.

Dormia na casa dele em noites alternadas. Em pânico, com o passar dos dias, percebi ser necessário ter uma escova de dentes por lá. A gente saía pra algum outro lugar e eu jurava que ia voltar pra minha casa no fim da noite; não precisaria levar mil apetrechos, portanto. Tonta. Tudo o que eu queria era ficar logo sozinha com ele. E no outro dia tinha de fazer do meu próprio dedo uma escova de dentes. Reclamei. Na noite seguinte, com calma, ele disse: "A sua é a azul". Ele já tinha ido ao mercado comprar. Eu abria o armário do banheiro e não acreditava. Duas escovas lá, iguaizinhas. Depois foi o xampu. Não dava para carregar xampu-condicionador-creme-de--pentear na bolsa. Pronto, namorado achou um lugar para eles no box.

Desde o primeiro dia a geladeira ficava abastecida com minha Coca Zero. Faltava na minha casa; na dele, nunca. Eu já tinha meu lado favorito na cama, seriados que eu pedia para baixar no HD ao lado da televisão, senha do *wifi* no meu *netbook*. Tudo acontecendo na velocidade da luz e eu sendo tragada para dentro do relacionamento como se a minha vida fosse, agora, aquela. E era.

O beijo na rua com nome de flor virou o beijo em muitas outras ruas. A algumas quadras dali, na mesma Girassol. A muitas quadras de lá, no Sujinho, no Reserva Cultural, no Morumbi com Eddie Vedder cantando pra gente, no restaurante dos Jardins a luz de velas, nos bares horríveis e com música ao vivo da Joaquim Eugênio, na Livraria Cultura. Eu, sempre atrasada. Ele já sabia e me esperava com a minha Coca – com gelo, sem limão – na mesa. Nenhuma reclamação. Só beijos, sorrisos e abraços infinitos.

Infinitos e eternos. Gaiarsa já disse: "A marca dos amores verdadeiros é essa sensação de que nunca senti nada igual". Usei o plural intencionalmente, pois nos é dado sentir assim com mais de uma pessoa – e aí a afirmação desperta protestos. Então vamos falar do amor único, na verdade, com a sensação e a emoção de nunca ter sentido nada igual. Com a sensação de eternidade, outra coisa delicadamente ambígua.

Eu sabia que não era pra sempre, mas todas as noites pareciam fazer os relógios pararem. Adormecia facilmente nos braços dele e despertava sob seus olhares. Eu não queria que acabasse nunca. Cada despedida doía meu peito e a vontade era voltar pra lá, me emaranhar nas pernas dele e reclamar do maldito galo do vizinho que cantava muito antes do sol raiar.

Queria estar sempre de mãos dadas com a mãozinha gordinha e de unhas mais perfeitas do mundo. Queria as mensagens quase escondidas – até dentro do passaporte antes de uma viagem. Queria ver a barba crescendo e depois senti-la roçando no meu pescoço.

Eu estava absolutamente entregue, apaixonada, sonhadora.

Foi arrebatador.

Jamais havia sentido algo igual. Claro que me apaixonei antes. Algumas vezes. Paixonites? Incontáveis. Mas querer alguém do jeito que eu o quis, nunca. Era intenso demais.

Seguíamos todos os clichês do amor romântico: nos víamos sempre, fazíamos planos, ficávamos com sorrisos embasbacados um ao lado do outro. Mas tinha uma novidade para nós dois: nosso relacionamento era aberto. Isso não quer dizer que não fosse sério, como diz o senso comum. Nós só podíamos sair com outras pessoas, se quiséssemos. Foi a primeira vez num relacionamento assim para ambos. Do meu lado, isso representou uma enorme, gigantesca mudança.

Até então eu era ciumenta, possessiva e tentava (conseguia) ser monogâmica. Ao mesmo tempo, na minha história conseguia enxergar vários momentos em que tive interesse genuíno por mais de um cara, ou em que me senti culpadíssima por estar namorando e desejar outro moço. As mudanças ao longo de 2011 foram me mostrando que não, o amor não está necessariamente ligado à ideia de ter um único parceiro – e que culturalmente somos impelidos a acreditar no mito da monogamia.

Então, estávamos nessa situação: ele sabia que eu era a Letícia e podíamos beijar outras pessoas. Do meu lado, não aconteceu. Flertei, sim, porque acho divertido. Mas nunca cheguei às vias de fato com ninguém além dele durante nosso namoro. Se tivéssemos continuado juntos, provavelmente aconteceria.

Na parte ideológica, portanto, caminhávamos juntos. O descompasso apareceu em outros campos. Eu sou passional, impulsiva. Ele, racional. Batemos de frente. Tanto e tantas vezes que, se fosse literalmente, teríamos ficado com a cara amassada.

Eu queria declarações entusiasmadas de amor, ele fazia calmamente. Eu não percebia. Gritava, esperneava, reclamava. Lembro de uma ocasião que demonstrava muito bem como nossas reações eram diferentes. Passamos a tarde na Vila Madalena. Feriado de 2 de novembro. Na volta para casa, pedi a ele que perguntasse ao taxista quanto sairia a corrida para o show do Pearl Jam, no dia seguinte. Fui pra casa de ônibus e, quando nos falamos, perguntei se ele havia combinado com o taxista.

"Esqueci!", disse ele.

"Esqueceu como? O show é amanhã!", respondi (e provavelmente com muitos impropérios).

"Vim pensando em você e me distraí. Pensei como você é linda e eu te amo."

Ele, doce. Eu, bruaca.

Eu não fui uma boa namorada. Ou talvez tenha sido, porque dois dias antes do término recebi um bilhete dizendo que minha companhia era sinônimo de felicidade. Ah, vai, acho que eu era uma namorada bacana, mas havia questões inconciliáveis.

A gente se dava bem em muitas coisas. Namorado costumava atender aos meus pedidos e era sempre gentil. Quando queríamos fazer algo que o outro não curtia, não havia problema. Por isso fui ao Planeta Terra sozinha ver os Strokes e o Interpol. Os ingressos estavam esgotados havia meses e ele não poderia me acompanhar. Era meu aniversário de 32 anos. Como nunca gostei de festa, achei que ali seria o lugar perfeito para comemorar. Tinha ainda mais uma vitória conquistada no dia anterior: entregara meu trabalho de conclusão de curso na faculdade. Eu deveria estar radiante.

Percebi que havia algo errado em mim. Eu me atrasei muito para chegar lá, fugi dos meus amigos no meio da pista, quis chorar (de verdade) quando minha carona enrolou para ir embora.

Eu não estava bem, mas não sabia identificar o problema. Até me esqueci do mal-estar quando cheguei na casa dele, quase seis da manhã. Ele ficara meio dormindo, meio acordado, me esperando. Os olhos fundos, vermelhos. Em cima da cama, uma caixa cheia de presentinhos. Tomei banho, transamos e dormimos até o meio do domingo. Enquanto nos arrumávamos para sair para almoçar, olhei para ele, banhado de luz que entrava pelas frestas da persiana, e senti imensa dor no coração.

"Você não sente uma angústia profunda?", perguntei. "De ser tanto amor que parece doer."

"Sinto."

Em dois dias, aquela dor sobre a qual falávamos como se fora inexistente passaria a ser real. E a dilacerar a minha vida.

Nós nos víamos normalmente dia sim, dia não, à exceção dos feriados. Então segunda-feira nós não combinamos nada. Na noite seguinte senti muita saudade e fui vê-lo. Queria comer pizza perto da casa dele. Disse "estou de táxi e passo para te pegar". Ele então me avisou que havia mudado o portão da casa, para eu ter cuidado e não passar direto.

Eu emburrei.

Sim, a maior briga do maior amor do mundo começou por causa de um portão.

Entre as loucuras que planejávamos, havia a possibilidade de, depois de resolvermos algumas questões pessoais, passarmos a morar juntos. Eu me emputeci por ele ter encomendado um portão novo. Não pelo dinheiro, é claro, mas sim porque achei que aquilo era sinal de que ele não iria se mudar. Afinal, quem investe numa casa alugada da qual pretende sair em poucos meses?

Lembro de ficar chateada e de reclamar, mas de nada mais. Comemos a pizza, voltamos a pé para casa (e eu, rainha do drama, não quis dar a mão pra ele) e continuamos a briga a noite inteira. Dormíamos alguns minutos, acordávamos, brigávamos de novo. Nem sei o motivo. Só sei que foi o inferno. Minha cabeça doía de tanto chorar. Era como se as lágrimas jorrassem. Ele chorou muito também. Impossível lembrar os absurdos que provavelmente falamos um para o outro, pelo menos metade deles sem ser de verdade, só para machucar.

Pra que machucar quem a gente ama?

Não sei, mas eu fiz isso. E ele também.

Dois meses depois do primeiro beijo, terminamos.

Eu achava que tudo ia ficar bem. Trocamos e-mails duros, mas em que reiterávamos o sentimento de sempre. Era uma fase ruim. Poderíamos superar aquilo. Era a paixão falando. Não superamos nada e seguimos caminhos totalmente diferentes.

Tive de desaprender o caminho até lá. Senti saudade, paguei mico, fiz coisas das quais não me orgulho. Logo depois que terminamos, entrei numa crise depressiva. Ela já vinha dando sinais havia semanas, mas eu ignorei. Os motivos são os mais diversos, mas certamente ter o coração partido não ajuda muito.

Durante a recuperação, confundi muito as coisas. Falei besteira, escrevi mais besteira ainda. Tive raiva. Foi como descer do céu ao inferno na velocidade da luz. Nada divertido. Eu nunca tinha sentido algo tão profundo e avassalador. Dizem que isso acontece poucas vezes na nossa vida. Ainda bem. É muito desgastante.

Os poetas, os filmes, a arte, tudo nos faz crer que se apaixonar é a melhor coisa do mundo. Durante a paixão, é verdade. Quando acaba, porém, fica um gosto horrível na boca, um montão de dores para serem cuidadas, cicatrizes profundas. Eu mergulhei nisso e estou colando os cacos até agora. Mas despedaçar-se serve também para a gente se enxergar por baixo da couraça – e se reinventar.

Número 35:
Voltando à velha forma

Dois corações partidos. Duas autoestimas em frangalhos. Dois abandonos difíceis de serem superados. Dois fodidos, essa é que é a verdade. Alguns amigos em comum, mas morávamos em cidades diferentes. Até que uma dessas coincidências engraçadas do destino nos colocou na mesma cidade improvável.

Eu sabia da situação dele: justamente por estarmos passando por coisas similares nós compartilhávamos nossas atitudes que seriam reprováveis para quem não estivesse tão ferrado quanto a gente. Fizemos coisas das quais não nos orgulhávamos. Procurávamos nossos ex, que àquela altura não queriam nos ver pintados. Fazíamos drama. Dávamos show. Uns idiotas.

Eu não acho que a saída para esquecer um amor é mergulhar de cabeça em outro. Sou a favor do tempo do luto, de tentar entender onde se errou, quais expectativas se colocaram num relacionamento muitas vezes obviamente fadado ao fracasso. Não dá para colocar a culpa do término sempre no outro. Errei também. E não foi pouco. Por outro lado, ficar pelos cantos se sentindo miserável não ajuda em nada.

Era assim que eu estava. Claro que a depressão teve um peso fortíssimo nisso; minha libido simplesmente desapareceu. Eu me olhava no espelho e não me sentia nada atraente. Para muitos eu não sou mesmo, mas vida que segue. Odiava meu cabelo, minhas olheiras. Nem o que eu falava me soava interessante.

Eu, aos 32 anos, podia jurar ser o fim da minha vida sexual e amorosa (ah, como somos dramáticos quando sofremos de dores de amores!). Ele passava por situação parecida, mas com um agravante: já havia tentado sair com uma garota e tinha brochado.

Falamos dessas coisas ao nos encontrarmos. Minha intenção naquele encontro era clara: eu queria sentir. Sentir. Respirar. Lembrar como meu corpo poderia me dar prazer. Nenhum de nós parecia estar disposto a dar o primeiro passo. Autoestima acabada e a quase certeza de que haveria uma rejeição. Não houve e, quando ele me beijou, foi meio engraçado, quase sem jeito, como quem não tem certeza do que está fazendo.

Pela primeira vez em muito tempo eu tive vergonha de tirar a roupa. Minha insegurança estava em níveis absurdos. Podia jurar que ele ia desistir de transar comigo no momento em que me visse nua. Ainda bem que me enganei. Provavelmente ele estava inseguro também, mas quando o vi de pau duro, esqueci-me de tudo. Apenas me entreguei ao momento tanto quanto foi possível.

O pau dele era grande, grosso, bonito. Entre o primeiro beijo e a penetração foram poucos minutos. Havia uma espécie de urgência, de ânsia pela consumação. Deitado por cima de mim, ele me comeu forte, a cabeceira batendo ruidosamente na parede. Luzes acesas, olhos nos olhos, como se precisássemos sentir cada segundo do que acontecia. Precisávamos, decerto.

Ele gozou e pouco depois estava enrijecido de novo. Transamos mais uma vez. Não sei quanto tempo durou tudo; foi bem menos do que uma noite. Mas foi bom para me sentir viva e desejada de novo.

Ainda demoraria muito tempo para eu voltar ao meu "normal", paquerar, transar sem compromisso. Foram meses. Mas o primeiro passo eu dei naquela noite.

Quem está contando?

"Qualquer mulher sai com quantos homens quiser", dizem por aí. Não é verdade. Essa ideia perpetuada pelo senso comum dá a impressão de que os homens sempre desejam sexo o tempo todo e com qualquer parceira – e que mulheres bi e heterossexuais só vão para a cama para satisfazê-los. Pensar que mulheres não sentem desejo sexual é machista; a afirmação é machista e antiquada. Já deveria ter sido ultrapassada há muito tempo.

Cada um sabe os motivos pelos quais vai pra cama com alguém: tesão, amor, carência afetiva, simples hábito, cruel sensação de que é obrigada a isso (como, por exemplo, na constância do casamento). E as razões mudam, de acordo com o curso da vida – e dos hormônios. Eu mesma nem sempre transei movida só por sentimentos sinceros e pelas razões certas. Nunca, porém, fiz isso pensando em números, como se tivesse uma meta a ser batida. Enquanto escrevia o *blog*, aliás, foi quando eu menos transei sem saber direito o motivo, como já acontecera tantas outras vezes na minha vida. No passado eu tirei minha roupa e tentei forçar o tesão por inúmeros motivos. Em 2011, todavia, eu fui dona da minha vida sexual como nunca antes. Eu estava no comando. De mim mesma e do meu corpo, como deveria ter sido desde sempre.

Eu conheci os homens com quem saí. Alguns mais, outros (muito) menos. Fiquei amiga de alguns; de outros espero nunca mais ouvir falar a respeito. E no meio disso tudo também houve moços com quem fui ao cinema ou jantar fora, mas não transamos. As circunstâncias não nos levaram à cama. E tudo bem. Para efeitos de história a ser contada, no entanto, acabei escolhendo o critério mais óbvio e superestimado: a penetração.

A importância de alguém na minha vida não é medida pela quantidade de orgasmos, tampouco se houve o encontro dos órgãos sexuais. Há outras formas de imenso prazer; sentir-se intelectualmente atraída por um cara é das coisas mais gostosas do mundo, assim como sonhar e fazer planos em conjunto. O sexo é indispensável nos meus relacionamentos, mas não aparece como condição anterior ao meu interesse.

Por isso, eu tive profundos sentimentos por homens que não entraram nessa "contagem". Pouco antes de começar a namorar tive intensa relação com um rapaz do Sul do Brasil. Eu achava ele o máximo: nossas afinidades se encontraram de maneira incontestável. Gostávamos das mesmas bandas, de gastronomia, de fotografia. Fazíamos juras de amor e contávamos os minutos até uma das viagens dele a São Paulo.

Quando os tais minutos passaram, a decepção. Foi horrível. Até hoje não consigo entender direito o que aconteceu. Ele me deu de presente o livro *Tokyo Lucky Hole*, de Nobuyoshi Araki, com a dedicatória mais linda do mundo. Existia um sentimento importante ali que confundimos com amor romântico. É difícil encontrar alguém tão incrível e não idealizar uma história cinematográfica por trás. De repente se faz planos de viver junto para sempre, mesmo que o que exista, na realidade, seja apenas uma profunda admiração. Nunca fomos um casal. Éramos amigos, no máximo, e quando nos deparamos com a realidade nós brigamos o fim de semana inteiro.

Pelo menos com ele houve uma tentativa real. Infelizmente eu não pude saber o que aconteceria se um moço de Salvador tivesse pisado em solo paulistano. Chegamos a nos autointitular "namorados". Ele chegou até mesmo a terminar um relacionamento porque queria ser monogâmico. Mas eu não ficaria só com ele a longo prazo. Durante nosso "namoro" fui fiel, porque sabia quão difícil o contrário seria para ele, mas acabamos decidindo terminar. Ele é inteligente, meigo e muito justo. Um jovem adulto extremamente admirável – pena que a distância.

Mais próximo esteve um outro moço de incríveis olhos verdes, responsável por uma das noites mais legais do ano. E sem sexo! Saímos para jantar e foi tudo perfeito. Eu parecia estar sonhando: ele é educadíssimo, divertido e bonito. Senti muita, muita atração física por ele. Ficamos juntos por algumas horas, mas ele tinha uma viagem marcada naquela mesma madrugada. Tivemos que nos despedir antes do que eu gostaria. Até tentamos marcar novos encontros, mas as coisas acabaram não se acertando para isso.

Com pelo menos esses três homens houve interesse recíproco e algum movimento para chegarmos ao sexo. Evidente que desejei outros caras que não sabem nem que eu existo. Entrar nesse jogo, às vezes, significa ser rejeitada. Não dá para ganhar sempre. Também não dá para pensar que está tudo ganho, tudo no papo, só porque homem nenhum diz "não" a sexo casual.

Alguns não gostam da prática; alguns não gostam de você. Outros até gostam da prática e adorariam gostar de você, mas as coisas não se encaminham nesse sentido. Ou se encaminham, mas não se concretizam por zilhões de motivos. E isso é extremamente desgastante. Paquerar dá um trabalhão: conhecer alguém, trocar telefones, adicionar nas redes sociais, trocar mensagens, tentar marcar um encontro quando os dois estão disponíveis, eventualmente tomar um bolo. Pode ser bem frustrante e até desanimar para novas investidas em outros moços.

A gente transa com **pessoas**, e pessoas são complexas, multifacetadas. O senso comum pode até dizer que para os homens é mais fácil tirar a roupa, mas não é verdade. Muitos de nós temos inseguranças, medos. Alguns de nós precisam ter mais intimidade e um sentimento envolvido. Isso independe de gênero ou orientação sexual.

Sendo mulher, porém, não posso ignorar a dificuldade que a própria sociedade nos impõe. Transar pode significar uma "desmoralização" para a mulher. Também senti tal absurdo na pele. Durante um primeiro encontro, fiz sexo oral no cara. Só não transei porque era tarde, eu estava cansada e não tomava banho havia umas 15 horas. Como o clima esquentou e eu gosto bastante da prática, fiz um boquete.

Dias mais tarde conversávamos num *chat* e notei que ele me tratava de um jeito estranho. Questionei. Ingênua, achei que pudesse ter falado algo que o tivesse chateado. Ele respondeu: "Depois de me chupar na primeira noite, você queria que eu te tratasse como uma princesa?".

Eu não queria. Princesas, se pensarmos em contos de fadas da Disney, são mulheres sem nenhum controle das próprias vidas. Elas estão sempre esperando um beijo salvador ou um príncipe que as escolha no meio de todas as outras moças do reino. O critério? Aparência física, delicadeza... E eu não sou nada disso. Sou uma mulher de carne e osso e não preciso ser salva. Eu só queria que ele me tratasse assim mesmo: como um ser humano, digna de respeito.

Por isso, nem sempre é fácil fazer sexo casual. Possivelmente o cara não dará nenhuma pista de que irá te tratar mal depois (ou, pior, durante!). Com o tempo dá para ir pegando as dicas no ar; é possível que eu já tenha me livrado de situações não muito bacanas.

Mas, no final, o que eu posso fazer? Não vou mudar meu comportamento para agradar alguém. Eu gosto de ser assim e, desde que eu faça sexo com proteção e seja honesta com meus parceiros e com meus desejos, eu estarei bem. Cavalo branco, sapatinho de cristal? Taí outra ideia antiquada a ser deixada pra trás.

Um grande aprendizado

Depois de transar com tantos caras, eu devo ter virado uma *expert* em posições e práticas sexuais, certo? Errado. Na verdade, eu continuo transando exatamente da mesma maneira. É verdade que descobri alguns desejos inesperados, como gostar muito de transar a três. Mas aprender a fazer *deep throat* ou a mexer os músculos da vagina? Não, não. Minha vida sexual começou há 17 anos e sempre foi muito divertida e variada. E eu, sempre curiosa.

O que mudou foi que eu passei a pensar sobre sexo. Antes eu fazia e observava o meu comportamento sexual. Sabia quais eram meus interesses e conhecia bem meu corpo. Eu já tinha usado bastante! Mas tudo o que eu falava e fazia tinha a ver com as minhas experiências. Sempre fui a mais aberta do meu círculo de amizades. Contava tudo, sempre, e achava que as pessoas não olhavam torto. Percebi que meu mundo era meio descolado da realidade quando comecei a escrever o *blog*. Imaginava uma ou outra crítica ao meu estilo de vida, mas jamais esperei tanta reação agressiva. Afinal, o corpo é meu e, teoricamente, não deveria ser alvo do julgamento alheio.

Enganei-me. Percebi que talvez eu tenha escolhido os melhores amigos do mundo durante minha vida adulta – ou talvez alguns deles nunca tenham me recriminado porque sabiam quão incisiva minha reação poderia ser. Jamais permitiria que alguém me dissesse como agir num campo tão íntimo e tão subjetivo. Colocar minhas histórias on-line, todavia, me mostrou um lado sombrio da sociedade. Fui xingada. Julgaram minha aparência física quando descobriram minha identidade. Analisaram meu comportamento. Procuraram explicações para minhas atitudes. E a explicação era só uma, simples e clara: eu queria. Transei e narrei porque gosto de fazer ambos. E, afinal de contas, eram decisões sobre o meu corpo e o meu tempo. Por qual razão isso deveria incomodar pessoas que nunca me viram? Fui boba de achar que tudo era tão fácil de entender. O que o outro faz com o próprio corpo não deve ser problema da coletividade.

Mas muita, muita gente pensa o contrário.

Quando o *blog* ficou mais conhecido, recebi incontáveis críticas. Poderiam falar do meu jeito de escrever, contestar algumas generalizações que eu fazia sem pensar. Mas patrulhar quantas vezes eu poderia fazer sexo? Quem estipula a quantidade de parceiros que uma pessoa pode ter na vida? Por qual razão uma mulher deve "se guardar", enquanto se estimula que um homem transe com o maior número possível de mulheres?

Dizem que somos um povo sensual e sexual; que somos liberais... generalização mais estúpida do que as que eu fazia. Além de ser perigoso colocar como único o comportamento de milhões de pessoas, com a afirmação mascara-se uma realidade que eu também não conhecia: ainda há muito conservadorismo. E, para utilizar uma expressão de José Angelo Gaiarsa, "a sexualidade é a melhor escola social de hipocrisia".

Eu não tinha ideia. Por isso, fiquei muito assustada quando os xingamentos começaram. Eram milhares. Jamais considerei a hipótese de deixar de viver o sexo como sempre vivi, mas cheguei a parar de escrever a respeito. Eu então me enquadraria exatamente no que Gaiarsa falava: passaria a fazer, mas esconder. Como muita gente faz.

E existe uma grande diferença entre não falar porque a pessoa não se sente confortável para tanto e negar o que se faz. Ninguém precisa espalhar aos quatro ventos quais são suas preferências na cama; apontar o dedo para quem faz exatamente o mesmo que a gente (ou que pelo menos faz o que temos vontade de fazer) é cruel. Muita gente foi cruel comigo.

Com o tempo e muita análise sobre o que acontecia, percebi que aqueles xingamentos não eram direcionados a mim: eu era a Geni. Jogavam pedras. Mas eu e a personagem de Chico Buarque éramos só duas dos milhões de mulheres oprimidas o tempo todo. O problema daquelas pessoas não era eu (poderia dizer que o problema delas... são elas, mas isso seria bem óbvio). Wilhelm Reich já dissera no início do século passado: "A questão é o controle, e não a moral".

Apedrejar a Geni ou usar o anonimato da internet para me xingar são formas de controlar todas as mulheres. Não basta pagar salários 30% mais baixos ou estipular um padrão irreal de beleza: é preciso dizer como cada uma de nós pode usar o próprio corpo (mesmo que entre quatro paredes). Controle. Eu, criada por uma mulher independente, que sempre me estimulou a criar meus próprios caminhos, não tinha a mais vaga ideia de como o machismo ainda impera.

Foi um choque, mas foi também um grande aprendizado. Com o *feedback* recebido por e-mail e pelos comentários no *blog*, vi que uma quantidade enorme de pessoas, especialmente mulheres, tem uma relação conturbada com sexo. Há quem nunca tenha se masturbado e quem tem vergonha de comprar camisinha com medo do julgamento do atendente da farmácia.

A coisa era muito mais grave do que eu poderia imaginar. Massagem tântrica, pompoarismo, *Kama Sutra*, casa de *swing*, fotos eróticas? Tudo isso me interessa – e muito! –, mas entender culturalmente como o sexo ainda é tão mal compreendido na atualidade é um estudo e tanto.

Passei, então, a devorar livros sobre sexualidade. Comecei a contestar certas verdades absolutas da minha vida, como a monogamia. Até então, acreditava que quem ama não aceita "dividir". Demorou um bocado para eu entender que não se divide o que não se tem – somos indivíduos, não um objeto a ser dominado pelo parceiro. Minhas certezas sobre relacionamentos foram caindo, uma a uma. Comecei a olhar diferente para relacionamentos abertos, em que não há obrigação de exclusividade sexual. Antes, tinha um grande preconceito – jurava que ali "faltava algo", como se o amor fosse menor ou menos importante.

E, ao fim de um ano, eu mesma me apaixonei profundamente... e vivi uma relação não monogâmica. Hoje não me vejo me relacionando de outra forma. Se na cama eu não mudei tanto, com certeza minhas expectativas sobre relações são totalmente diferentes.

Também aprendi a dar nome à inquietação de muitos anos: sou Feminista. Com F maiúsculo. Eu, que me irritava tanto com a obrigatoriedade cultural de ser responsável pelos afazeres domésticos só porque sou mulher ou com a diferença de tratamento dado a duas pessoas que se separaram, finalmente soube conceituar essa quase revolta. Fe-mi-nis-mo. Sem medo, sem estereótipos da "mulher peluda e mal-amada". Foi uma revolução na minha vida, uma quebra de paradigmas sem precedentes. Compreendi com tristeza o papel da mulher na sociedade, me envergonhei de atitudes machistas que tive no passado, e hoje sou engajada na luta para uma sociedade igualitária.

Sem pedras na Geni, em mim ou em qualquer outra. Sem julgamentos sobre sexualidade. Abracei meus teóricos de sexualidade e feminismo, e vi num texto do Gaiarsa a explicação de quem sou e como sou: "Filio-me decididamente aos que acreditam que o amor verdadeiro tem de vir de baixo para cima e não o contrário. De baixo para cima quer dizer do sexo, profundamente experimentado, do erótico (da pele, do contato físico), dos movimentos (da dança, que nos anima), subindo então – e depois – até o cérebro, aquecendo o coração no caminho...". Meu corpo é todo quente.

Meio Letícia, meio Nádia, um pouco de todo mundo

Eu não sou quem eu era antes. Impossível conhecer tanta gente (e não estou falando só de sexo) e continuar igual. Vivi intensamente as experiências na pele de Letícia, como sempre vivi na minha própria pele. Foi tudo muito forte, avassalador e transformador.

Nem tudo tem um saldo positivo. Passei por situações que me trouxeram tristeza, com a crise depressiva sendo sem dúvida algo não inesperado (não foi a primeira vez), mas certamente dispensável. Levei muito mais tempo do que gostaria para me recuperar – e minha libido sofreu as consequências disso. Transar só faz sentido para mim quando estou bem e saudável física, mental e emocionalmente; fora desse panorama o sexo representa apenas uma válvula de escape, como é, para alguns, um porre homérico. Fuga. E eu não trato a minha vida sexual assim.

Procurando colar meus cacos, o sexo acabou saindo da escala de prioridades. Uma pena. Transar com segurança (camisinha e exames regulares são obrigatórios) é parte da solução, não do problema: aumenta a autoestima, libera hormônios e traz felicidade. Eu estava arrastando corrente, alimentando por meses uma dor de cotovelo que parecia incurável. Sempre soube que era temporário, mas como demorou a passar... A última vez que tinha sentido algo minimamente parecido foi há mais de uma década, e eu não lembrava como dores de amores me atordoam.

Fugi, me escondi, me tranquei em casa. Lambi as feridas obsessivamente. Agora me parece tempo desperdiçado. Disse alguns "nãos" para moços garbosos, mas também não acho que perdi grande coisa, não. Eu não estaria completa em nenhuma relação na qual eu entrasse, como percebi quando o pânico tomou conta de mim ao cruzar o olhar com um moço bonito num bar do Rio de Janeiro.

Ele era uma graça: nariz perfeito, olhos azuis, barbudinho. Gordinho. Foi bom sentir de novo aquele calor na nuca do exato momento em que percebo o interesse mútuo. Ah, sensação boa de estar viva! Mas às vezes o corpo quer levar para um lado e a mente acaba empurrando pro outro. Apesar de haver o desejo, vi todas as luzes de alerta piscando freneticamente. Tive medo de me envolver e, de novo, não dar certo. Deveria ser só sexo, né? Mas quando se está machucado às vezes não dá para reconhecer os próprios limites. E eu criei barreiras altíssimas e intransponíveis.

Poderia utilizar o clichê e dizer que esse período mais quieta foi bom pra mim. Eu estaria mentindo. Não foi nada legal. Eu gosto muito de sexo, e ficar tanto tempo sem transar com ninguém foi bem chato. E eu não poderia forçar uma situação – estaria indo contra tudo o que eu mesma prego, de sexo ser algo natural e prazeroso.

Minha cabeça estava uma bagunça, e eu jamais poderia fazer meu corpo pagar por isso. Aproveitei para tentar entender tudo o que havia acontecido comigo. Tenho lá minhas dúvidas se consegui absorver tantas emoções, mas com certeza cresci demais. Como mulher, entendendo meus desejos e aceitando minhas falhas. Como cidadã, me engajando em causas que considero importantes. Como ser humano, compreendendo como nós somos frágeis e precisamos de apoio ao longo das nossas vidas.

Depois de tantos percalços, finalmente minhas feridas fecharam. O cotovelo parou de doer. Coloquei cada coisa na sua caixinha. Foi um processo difícil de autoconhecimento. Gay Talese cita Reich em *A mulher do próximo*: "Prazer e *joie de vivre* são inconcebíveis sem luta, sem experiências dolorosas e sem um embate desagradável consigo mesmo". Lutei e doeu. Mas estou pronta para outras.

Visite nosso site e conheça estes e outros lançamentos

WWW.MATRIXEDITORA.COM.BR

100 Segredos de uma garota de programa
Vanessa de Oliveira

Ela fez enorme sucesso com O Diário de Marise, em que narra seus dias como garota de programa – uma trajetória que conquistou o Brasil e muitos outros países. Vanessa conta nessa obra o que as garotas de programa sabem do sexo e dos homens e também detalhes picantes do cotidiano dessas profissionais. Saiba, ainda, quais são os truques que as garotas de programa utilizam para incendiar a relação e cativar os homens.

Confissões de uma depiladora brasileira nos Estados Unidos
Reny Ryan

Esse livro é uma coleção de histórias reais, que aconteceram entre as quatro paredes de uma sala de depilação. Reny Ryan se mudou para os Estados Unidos há quase trinta anos, enfrentando uma cultura totalmente diferente. Você vai conhecer histórias de pessoas que, além de uma montanha de pelos, também deixaram para trás a vergonha, a insegurança e muita timidez, revelando a Reny amores, traições, esperanças, vontades e muito mais.

Pare de amar errado
Rejane Freitas

Muitas mulheres, ao amar demais, deixam de lado suas realizações pessoais, perdem os limites e experimentam fortes desilusões, provocando até mesmo o fim da relação. A obra revela o poder destruidor da dependência do amor masculino e ensina como a mulher pode ficar mais voltada para si mesma, evitando frustrações profundas. Um livro que todo homem também deveria ter a coragem de ler.

Geisy Arruda – vestida para causar
Fabiano Rampazzo

Geisy Arruda foi manchete dos principais jornais do Brasil e do mundo, após ser expulsa da faculdade em que frequentava o curso de turismo, por ter ido às aulas usando um vestido provocante e quase ter sido linchada por isso. Nesse livro ela conta como tudo aconteceu e revela muito da vida de uma mulher que, assim como milhões de outras, adora se sentir notada e desejada pelos homens.

MATRIX